KLARTEXT

ACHIM NÖLLENHEIDT (HG.)

GEHEIMNISVOLLES NRW

ELF ORTE
UND IHRE GANZ BESONDERE GESCHICHTE

IMPRESSUM

1. Auflage April 2015
Satz und Layout: Achim Nöllenheidt, Essen
Umschlaggestaltung: Volker Pecher, Essen
Druck und Bindung: Multiprint GmbH, Kostinbrod

© Klartext Verlag, Essen 2015
ISBN 978-3-8375-1344-8

KLARTEXT   info@klartext-verlag.de, www.klartext-verlag.de

INHALT

Externsteine im Teutoburger Walde

VORWORT

269 Zimmer auf 8.100 Quadratmetern, Baukosten von 5,7 Millionen Mark, ein für damalige Verhältnisse geradezu astronomischer Betrag – wer die Villa Hügel in Essen besucht, steht vor dem größten Einfamilienhaus Deutschlands. Ein paradiesisch anmutendes Anwesen hoch über dem Ruhrtal. Doch der Schein trügt. Kurz nach dem Einzug 1873 notierte Bauherr Alfred Krupp: „Ich habe Ziehen in allen Gliedern und jeder klagt … Im Hause wird einer nach dem anderen krank. … Dabei hat man ein ewiges Klappern zu hören. In der Halle … genießen wir nach Tische noch einmal den ganzen Duft der Küche." Die Geschichte der Villa Hügel ist auch die Geschichte eines genialen Konzernlenkers, der an seinem Traum vom perfekten Haus scheiterte.

Diese Episode ist exemplarisch für das vorliegende Buch. Es präsentiert eigentlich sehr bekannte Orte – und bietet dennoch spannende Entdeckungsreisen. Denn hinter den vertrauten Fassaden stecken oft erstaunliche Geschichten und unentdeckte Geheimnisse, offenbaren sich verborgene Seiten.

Letzteres gilt im wörtlichen Sinn für das „Staatsgeheimnis Nummer 1", den Regierungsbunker im Ahrtal. Das gewaltige unterirdische Labyrinth war nicht nur der teuerste Schwarzbau der deutschen Nachkriegsgeschichte, sondern auch seiner Funktion als atomsicherer Bunker von vornherein nicht gewachsen.

Im Dunkeln blieben lange Zeit auch Ereignisse, die sich in der Zeit des Nationalsozialismus auf der Zeche Zollverein oder im Teutoburger Wald abspielten. Das Schicksal der auf Zollverein eingesetzten Zwangsarbeiter muss insgesamt noch aufgearbeitet werden, und auch die erschreckende Geschichte der Wewelsburg und des mit ihr verbundenen Konzentrationslagers Niederhagen wurde jahrelang verdrängt und verschwiegen.

Erschütternd sind die Erinnerungen an die Bombardierung der Möhnetalsperre, bewegend die Schilderungen über den Nürburgring, auf dem zwar viele den Tod fanden, dessen Fahrbahndecke einer Familie im Zweiten Weltkrieg jedoch das Leben rettete. Amüsant lesen sich dagegen der Zwischenfall vom Petersberg, auf dessen Serpentinen sich der sowjetische Staats- und Parteichef Leonid Breschnew als Bruchpilot auszeichnete, oder die Tatsache, dass Willy Brandt eine amtsärztliche Bescheinigung vorlegen musste, um nicht in den Kanzlerbungalow einziehen zu müssen.

Für diese und andere so noch nie erzählte Geschichten haben die Autoren des Bandes Archive durchforstet, Experten befragt, historische Zusammenhänge aufgedeckt – und vor allem Zeitzeugen aufgespürt, deren Leben mit den Schauplätzen eng verbunden ist, weil sie hier das Licht der Welt erblickten, dem Tod ins Auge sahen, schicksalhafte Entscheidungen für sich selbst oder für ganze Nationen trafen. Ihre lebendig berichteten Erlebnisse machen manche Situationen oder historischen Zusammenhänge sinnlicher und begreifbarer.

Das Buch zur erfolgreichen WDR-Fernsehserie „Geheimnisvolle Orte" ist eine spannende Spurensuche, die von den vorgestellten Orten ein neues, facettenreiches Bild zeichnet.

Achim Nöllenheidt

VILLA HÜGEL

VILLA HÜGEL

Über den Ufern der Ruhr thront das größte Einfamilienhaus des Landes. Es war der Wohnsitz der Familie Krupp, der mächtigsten Industriellendynastie des deutschen Reiches. Kaiser, Staatsmänner und Unternehmer aus aller Welt waren hier zu Gast. Ein Schicksalsort deutscher Geschichte. Im Guten wie im Bösen.

Die Villa Hügel hat 269 Zimmer auf 8.100 Quadratmetern. Nur ein kleiner Teil davon ist für Besucher zugänglich. Die meisten Räume sind der Öffentlichkeit bis heute verschlossen geblieben. Gebaut wurde die Villa Hügel von Alfred Krupp. In nur drei Jahrzehnten hatte er die väterliche Gussstahlfabrik zum Inbegriff der deutschen Schwerindustrie gemacht. Vor allem eine seiner Konstruktionen half ihm dabei: Der nahtlose Eisenbahnradreifen. Eine Jahrhunderterfindung und eine Lizenz zum Gelddrucken.

Trotz seines Erfolges als Unternehmer lebte Alfred Krupp mit seiner Familie lange Zeit sehr bescheiden, in einem kleinen Haus auf dem Werksgelände. 1861 bezogen die Krupps ein angemesseneres Domizil, das sogenannte Gartenhaus. Der einzige Haken: Es lag direkt neben der Produktionshalle mit dem Dampfhammer Fritz. Der gilt damals als technische Sensation. Wenn er mit der Kraft von 50 Tonnen auf Stahlblöcke hämmerte, klirrte bei den Krupps das Geschirr im Schrank.

In der Villa Hügel findet man heute auch das historische Archiv Krupp mit Millionen von Fotos und Dokumenten aus der Geschichte des Unternehmens und der Familie. Eine Fotoplatte von 1864 zeigt einen Gutshof, den Alfred Krupp als neuen Familiensitz auswählte. Er lag auf einer Anhöhe oberhalb der Ruhr. Darum herum kaufte Krupp 400 Hektar Land auf. Auch die ersten Skizzen für ein neues Wohnhaus der Krupps an der Ruhr liegen hier, gezeichnet von Alfred Krupp selbst.

EIN DEUTSCHER MYTHOS

Die Villa Hügel mit Wohn- und Logierhaus aus südwestlicher Sicht, um 1875

Das sogenannte Gartenhaus (im Vordergrund), in dem die Krupps von 1861 bis 1864 wohnten, lag unmittelbar neben dem Gebäude des Dampfhammers „Fritz".

Das Stammhaus mit dem Schmelzbau der Kruppschen Fabrikanlage, um 1819 (Holzstich A. Ritscher, 1910)

Neuer Familiensitz ab 1864: der Gutshof am Klosterbuschhof. Er lag oberhalb der Ruhr am Standort der späteren Villa Hügel.

Baubeginn der Villa Hügel, 1870. Im Hintergrund steht der Gutshof, den die Krupps zu dieser Zeit noch bewohnen.

> *„Wie viele Patriarchen beharrte Krupp auf seiner Idee der ersten Setzung. Er hatte eine kleine Handskizze angefertigt, die eine ganz typische Fantasie zeigten. Praktisch einen autarken Hof. Da war eine Wasserquelle, ein See zu sehen, zwei Häuser miteinander verbunden und ein bisschen Natur und davon ließ er sich auch nicht mehr abbringen."* [2]

Alfred Krupp wollte ein technisches Meisterwerk, seine Architekten ein ästhetisches. Im April 1870 begann der Bau der Villa Hügel – nach Alfred Krupp Plänen. Den Bau ließ er von Fotografen dokumentieren – zu dieser Zeit eine unerhört moderne Idee. Rund 750 Arbeiter verbauten täglich bis zu 25.000 Ziegel. „Hier im Grünen bei gesunder Luft, in gesunder Umgebung zu wohnen, das hieß für ihn sein Leben zu verlängern und damit weiter seinem Unternehmen zur Verfügung zu stehen. Und Kritikern, die über die doch enormen Baukosten sich äußerten, hat er entgegnet, dass wenn er, Alfred Krupp, nur ein Jahr länger leben würde, dadurch, dass er hier im Grünen lebt, dann könne er auch den Gewinn eines ganz Jahres für dieses Haus ausgeben." [1]

Die Villa Hügel im Bau, 1870

DER BAU ALS NERVENKRIEG

Die Bücher belegen Ausgaben von 5,7 Millionen Mark. Für damalige Verhältnisse ein astronomischer Betrag. Der Ingenieur Krupp war ein schwieriger Charakter. Einwände von Architekten wischt er regelmäßig vom Tisch.

Joachim Bessing

„Es war ein Nervenkrieg. Und man muss sich ja auch vorstellen, dass Krupp als Amateurbaumeister das Ganze erst so richtig vor Augen stehen hatte als es stand. Und dann wollte er noch ändern. Das ist natürlich für einen Architekten der Moment, wo man den Bleistift hinwirft. Die Architekten, die er verschlissen hat, die bestätigten nur, was er im Vorhinein von Ihnen hielt, nämlich gar nichts. Sie waren verträumt, sie machten nicht, was er wollte, sie hatten eigene Ideen. Und das ist ja immer ganz schlecht bei Ingenieuren. Und deshalb überwarf er sich auch mit denen. Und wenn einer das nahtlose Eisenbahnrad erfunden hat, das gerade ganz Amerika erobert hat, dann lässt er sich da auch nicht belehren. Dann baut er das so wie er sich das vorgestellt hat und wenn die zehnmal sagen, das hat keinen Sinn. So was kann man nicht bauen. Krupp hat sich durchgesetzt.“ [2]

DAS WERK EINES TECHNIKBESESSENEN

„Es funktionierte in diesem Haus nichts."

Ralf Stremmel, Historisches Archiv Krupp,
zur Villa Hügel Anfang des 19. Jahrhunderts

Die Villa im zweiten Baujahr, 1871

Alfred Krupp, 1812 – 1887

Stolz posiert Bauherr Alfred Krupp (auf dem Dach, mit
angewinkeltem Bein) beim Richtfest 1870.

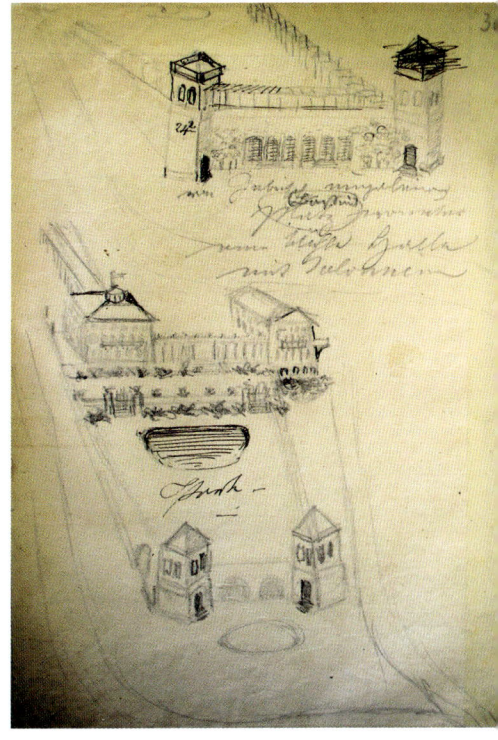

Erste Skizze von Alfred Krupp
zum Bau der Villa Hügel

Der in der Kruppschen Schmiede speziell angefertigte Baumverpflanzungswagen, geeignet für Ausheben, Transport und Einpflanzung der angekauften ausgewachsenen Bäume.

Trotz aller Schwierigkeiten war die Villa Hügel im Januar 1873 bezugsfertig – mit 269 Zimmern das größte Einfamilienhaus des deutschen Reiches.

Um die Villa herum sollte nach Krupps Entwürfen ein Park entstehen. Dafür scheute er keinen noch so großen Aufwand. Da er den Park noch selbst erleben wollte, ließ er im Ruhrgebiet eine ganze Allee aufkaufen und die ausgewachsenen Bäume in den Park verpflanzen. Für den komplizierten Transport wurden in der Kruppschen Schmiede eigens Spezialwagen angefertigt. Noch heute kann man einige dieser ersten Bäume im Park bestaunen.

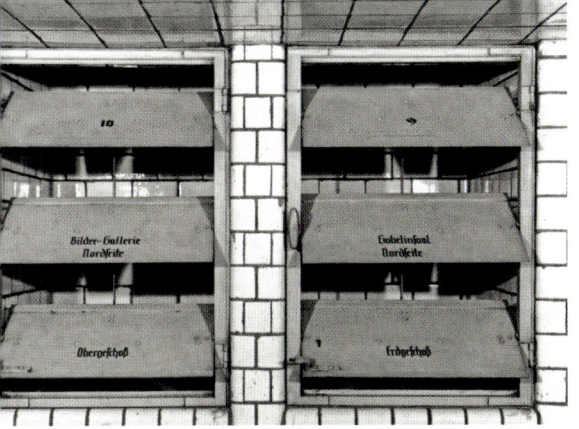

Die überall im Haus angelegten Schächte dienten als Kombination von Heizung und Lüftung.

Die „Belvedere" genannte Dachkonstruktion sollte die Obere Halle mit Licht zu versorgen

Das Haus, in das die Familie Krupp einzog, ist ein architektonisches Unikat und hochmodern für seine Zeit. Es sollte der Familie und den vielen geschäftlichen Gästen höchsten Komfort, stets frische Luft und moderne Hygieneeinrichtungen bieten. Aus Angst vor einem Brand und aus Liebe zu seinem Material Eisen hat Alfred Krupp beim Bau fast ganz auf Holz verzichtet. Stattdessen durchziehen hochmoderne Eisenkonstruktionen die Villa: nur das Dachgeschoss der Villa Hügel erinnert heute noch daran.

Ralf Stremmel

„Dieser Raum, die Belvedere, der oberste Raum in der Villa Hügel, mit den weißen Wänden und den vielen Oberlichtern und den spirtalförmigen Treppenhäusern, die dem Ganzen den Charme eines Ozeandampfers verleihen, so hat man sich die Villa Hügel beim Einzug der Familie Krupp vorzustellen. Krupp schwebte ein völlig nacktes, nüchternes Haus vor. Vielleicht war er da der erste Minimalist. Es war aber ganz sicher die Furcht vor Keimen.[2]

Die Idee war, Luft von außen anzusaugen, sie zu temperieren und auch zu befeuchten und im gesamten Haus in allen 269 Räumen dann entsprechend zu verteilen, wobei Alfred Krupp sehr rigide Anweisungen an die Architekten gab. Er wolle, wenn er von einem Ausritt heimkehre, zunächst in einen Raum kommen, der 18 Grad habe, dann in einen Salon gehen mit 16 Grad und dann in sein Arbeitszimmer mit 14 Grad."[1]

Damit schwebte Krupp die erste Klimaanlage der Welt vor. Vom Dach aus sollten riesige Gebläse kalte oder warme Luft durch die Schächte in die zahllosen
Räume blasen. Für den Bauherren das Herzstück seines Bauwerks. Doch genau
das drohte zu misslingen. Noch heute sind im Haus die Überreste dieses Lüf-
tungssystems zu entdecken. Die Villa Hügel ist von Lüftungsschächten durchzo-
gen. Kurz nach dem Einzug notierte Krupp: „Ich habe Ziehen in allen Gliedern
und jeder klagt … Im Hause wird einer nach dem anderen krank. … Dabei hat
man ein ewiges Klappern zu hören. In der Halle … genießen wir nach Tische noch
einmal den ganzen Duft der Küche."

Für die Familie wurde das Zusammenleben mit dem Patriarchen immer
schwieriger. 1882 verließ ihn seine Frau Bertha und zog aus.

*„Am Ende war Krupp in seinem Riesenhaus alleine und hat mit der Welt in
Depeschen und Meldungen kommuniziert, die er in seinem Arbeitszimmer ver-
fasst hat, das wie ein Kommandostand war, ein „last man standing" in einem
riesengroßen Haus, in dem keiner wohnen will. … Er verzweifelt an seinem
eigenen Bauwerk."* [2]

14 Jahre nach dem Einzug starb Alfred Krupp 1887. Ein genialer Unternehmer –
aber das perfekte Haus ist ihm nicht geglückt.

Blick auf die Villa Hügel von der gegenüberliegenden Ruhrseite aus

DIE NEUE GENERATION BAUT UM

„Der Hügel sollte auch zum Kaiser passen, sollte

auch zum großen, neuen Deutschen Kaiserreich

passen. Das heißt viel Holz, viel Samt, ganz

viele Gobelins, jede Menge Bilder."

Diana Friz, Urenkelin von Friedrich und
Margarethe Krupp

Friedrich Alfred und Margarete Krupp als Brautpaar, 1882

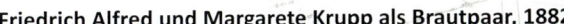

DES KAISERS EIGENES BAD

Nach seinem Tod veränderte die neue Generation das Gesicht der Villa grundlegend. Friedrich Alfred und Margarete Krupp waren jetzt die neuen Herren auf dem Hügel. Friedrich Alfred Krupp ließ die ehemaligen Speiseräume zu einer großen Bibliothek mit üppiger Holzausstattung umbauen. Die Villa wurde deutlich repräsentativer. Auch als Unternehmer trat Friedrich Alfred aus dem Schatten des übermächtigen Vaters. Unter seiner Ägide wurde das Eisenhüttenwerk Rheinhausen gebaut, das damals modernste in Europa. Auch Kanonenbau und Rüstung entwickelten sich prächtig. Kunden aus aller Welt bestellten jetzt bei Krupp Waffen. Auch der deutsche Kaiser.

Für besonders hohen Besuch wie den Kaiser gab es ein spezielles Gästezimmer. Das Besondere: ein eigenes Bad. Ein absoluter Luxus für die damalige Zeit. Bis heute wird nur wenigen Besuchern ein Blick ins „Kaiserbad" gewährt. „Es war eine Ehre für das Haus und auch für die Firma, dass Kaiser Willhelm der Zweite in dem Haus übernachtet hat und es damit natürlich geehrt hat und damit auch geadelt hat. Das hat natürlich Friedrich Alfred und Margarethe sehr gefreut." [3]

Die Obere Halle im Wandel der Zeiten: Alfred Krupp bevorzugte eine nüchterne Atmosphäre (Bild o.), in der seine Devise, ein Haus aus „Eisen und Stein" zu gestalten, gut zu erkennen ist. Unter Friedrich Alfred und Margarete Krupp dagegen bekam der Saal eine opulente Innengestaltung mit einer üppigen Holzausstattung (Bild u.).

Zeichen für die exponierte Stellung der Familie Krupp: Impressionen aus dem Kaiserbad

Die beiden lebten als junge Familie in der Villa. Friedrich Alfred und Margarethe hatten zwei Töchter: Bertha und Barbara.

> *„Die beiden haben versucht, indem sie sozusagen ein Einfamilienhaus ins Einfamilienhaus bauen, einen eigenen Trakt für die Kinder, ein wirklich privates Leben, zumindest für die beiden Mädchen Bertha und Barbara, zu ermöglichen. Die hatten also ein eigenes Wohnzimmer, ein eigenes Spielzimmer, ein Sanitärtrakt und jeweils einen eigenen Schlafraum, wo sie sich abseits des Trubels, der in der Villa Hügel ansonsten herrschte, aufhalten konnten."* [1]

Die Kinderzimmer im Jugendstil waren mit Einbaumöbeln wie Schiffskabinen ausgestattet. Im Park ließen die Eltern für ihre Töchter ein Spielhaus bauen. Zur feierlichen Grundsteinlegung machte das engere Hauspersonal seine Aufwartung. Im sogenannten Spatzenhaus mit Wohnzimmer, Küche, Speise- und Besenkammer sollten die Töchter spielerisch das lernen, was sie in der Villa Hügel nie lernen würden: einen normalen Haushalt zu führen.

Bertha und Barbara wuchsen in fröhlicher Atmosphäre heran. Der Hügelpark war für sie oft wie ein großer Spielplatz. Doch er fungierte inzwischen auch als

Rund um die Villa Hügel herrschte ein dörfliches Treiben.

wichtiges Schmuckstück, mit dem die Krupps ihre exklusiven Gäste beeindrucken wollten.

Diana Friz

„Das war ja nicht so, dass der Hügel wie heute wie ein gro-ßer Klotz in einer Parkanlage liegt. Damals war der Hügel ja von Häusern umgeben. Es gab eine Gärtnerei, es gab einen Hühnerhof, es gab ein Treibhaus, es gab Vieh, es gab alles das, was man brauchte. Also man muss sich das als ein quirliges großes Dorf vorstellen, in dessen Mitte sozusagen der Palast thront, in dem die Herrschaft wohnt und die ganzen repräsentativen Dinge stattfinden. Das war der Hügel." [3]

Die Villa Hügel hatte ein eigenes Wasser- und Gaswerk. Und 1890 finanzierte Krupp sogar einen Bahnhof auf der Strecke zwischen Köln und Essen. Damit

Ruhrtalbahn, Parkhaus Hügel und Bahnhof Hügel, um 1900

sollten ein Teil der inzwischen 290 Bediensteten, aber vor allem die offiziellen Gäste den Hügel besser und bequemer erreichen können. Auch im Haus selbst sollte alles immer auf dem neuesten und modernsten Stand der Technik sein.

Mit einem ausgefeilten Klingelsystem konnte aus jedem Zimmer die Dienerschaft gerufen werden. Und der Portier konnte damit kontrollieren, ob die Diener dem Ruf Folge leisten. Das Personal war in einem Trakt unter dem Dach untergebracht. Damit die Diener morgens pünktlich zur Arbeit kommen, wurden sie vom Portier zentral über elektrische Wecker geweckt. Die Krupps legten großen Wert auf Hygiene. Die Zweibettzimmer der Hausdiener waren mit fließendem Wasser und je zwei Waschbecken ausgestattet. Keine Selbstverständlichkeit in dieser Zeit.

Im Herbst 1902 erreichten böse Gerüchte über Friedrich Alfred Krupp den Hügel. „Das sozialdemokratische Blatt ‚Vorwärts' hat ihm homosexuelle Orgien vorgeworfen, die er auf der Insel Capri, wo er sich mehrfach aufhielt, gefeiert haben sollte. Beweise dafür konnten nicht erbracht werden, aber das hat natürlich einen der prominentesten Presseskandale im Kaiserreich verursacht. Es war eine psychische Ausnahmesituation für Friedrich Alfred Krupp." [1]

Überraschend starb Friedrich Alfred Krupp in der Nacht des 22. November 1902. „Er hat am Tag davor noch einen Brief an den Kaiser geschrieben und am Abend mit seinen Kindern gespielt. Aber er muss gebrochen gewesen sein. Ich sage immer, er ist an einem gebrochenen Herzen gestorben. In Wirklichkeit hat er wohl einen Hirnschlag und einen Herzinfarkt gleichzeitig in dieser Nacht gehabt. Aber wir können davon ausgehen, dass sein Lebenswille zu diesem Zeitpunkt gebrochen war." [1]

Kaiser Wilhelm II. ging als erster hinter dem Sarg Friedrich Alfred Krupps und erwies ihm so die letzte Ehre. Friedrich Alfred Krupp wurde nur 48 Jahre alt.

PRUNK UND KAVIAR

Bertha Krupp (1886–1957), die Aufnahme wurde vor 1930 gemacht

Neue Herrin des Hügels und Alleinerbin der Firma Krupp mit inzwischen 45.000 Beschäftigten wurde Friedrich Alfreds Tochter Bertha. Mit erst 16 Jahren war sie die reichste Frau und die beste Partie Europas. 1906 heiratete Bertha Krupp den Diplomaten Gustav von Bohlen und Halbach. Sie gründeten eine große Familie. Und auch sie veränderten die Villa Hügel von Grund auf. „Man baute dieses Haus von 1913 bis 1915 in großen Teilen noch mal komplett um. Man entkernte zum Beispiel die Obere Halle. Man verpflichtete die Stararchitekten der damaligen Zeit. Das Ganze wurde also nochmals opulenter und repräsentativer." [1]

Das junge Paar konnte aus dem Vollen schöpfen, das Unternehmen verdiente zu dieser Zeit prächtig. Die Villa erhielt ihre heutige Gestalt. Noch mehr dunkles Holz wurde verbaut und zwischen den beiden Gebäudeteilen ein prunkvol-

Höhepunkt der Feiern zum 100-jährigen Jubiläum der Firma Krupp 1912 war der Besuch des Kaisers. Wilhelm II. und Gustav Krupp von Bohlen und Halbach am Glückauf-Haus beim Empfang durch den Essener Oberbürgermeister Holle (Bild o.), und beim Besuch der Margarethenhöhe (Bilder u.).

Der Gartensaal, Verbindungsraum zwischen Haupt- und Kleinem Haus, wurde in neobarockem Stil mit grüngoldenem Stuck und wertvollen Wand- und Bodenteppichen ausgeschmückt.

Bildpostkarte anlässlich der Jahrhundertfeier der Kruppschen Werke 1912 mit den Porträts von Kaiser Wilhelm II., Alfred Krupp, Friedrich Alfred Krupp und Gustav Krupp von Bohlen und Halbach sowie dem Stammhaus und der Villa Hügel

ler neobarocker Gartensaal eingerichtet. In dieser Zeit kam auch der Kaiser wieder zu Besuch – zur Hundertjahrfeier des Unternehmens 1912. Eine gewaltige Herausforderung für die Bediensteten der Villa. 650 waren es jetzt, zehnmal soviel wie unter Alfred Krupp. „Das Management dieses Wirtschaftsbetriebes war essentielle Aufgabe der ‚Hausfrau'. Margarete Krupp und später Bertha Krupp von Bohlen und Halbach waren so-

Blick in die Küche, in der die Köche das Menü zur Hundertjahrfeier vorbereiten

zusagen Managerinnen im Kleinen, die dafür zu sorgen hatten, dass der Hügel funktioniert." [1]

Die Küche des Hauses lag im Keller der Villa Hügel. Hier wurden die Speisen für normale Gesellschaften zubereitet. Doch für die Abendtafel der Hundertjahrfeier war sie nicht groß genug. Teile der Küche mussten dafür in den Park ausgelagert werden. Das Essen wurde aus der Küche im Keller mit dem Aufzug in den ersten Stock gebracht. Für die 450 Gäste in der oberen Halle gab es ein 7-Gänge-Menü, mit Kaviar und Geflügelragout.

Auf der Empore über der oberen Halle hatte das Ehepaar Krupp eine Orgel einbauen lassen, um die Gäste zu beeindrucken. Man konnte sie mit der Hand spielen oder automatisch mit Notenrollen betreiben.

KANONENKÖNIG

Zu dieser Zeit steuerte Europa auf den Ersten Weltkrieg zu. Für Krupp bedeutete der Militarismus wirtschaftlichen Gewinn. Die Firma profitierte von der Aufrüstung. Kanonen von Krupp galten als besonders zuverlässig. Krupp stieg auf zur Waffenschmiede des Deutschen Reiches.

Während des Ersten Weltkrieges wurden Teile des Hügelgeländes als Lazarett genutzt. Die deutsche Niederlage hatte Auswirkungen auf die Firma Krupp. Krupp durfte keine Waffen mehr produzieren. Hohe Besuche und große Festlichkeiten auf dem Hügel blieben vorerst aus.

Scheinbare Familienidylle: Bertha Krupp mit Kindern, 1916

Gustav Krupp von Bohlen und Halbach mit seiner Ehefrau Bertha, 1910

Die Familie von Bertha und Gustav Krupp von Bohlen und Halbach um 1930, v.l. die Kinder Eckbert, Harald, Waldtraut, Irmgard, Claus, Alfried und Berthold

Die Familie wurde in dieser Zeit stetig größer. Alfried, 1907 geboren, war das älteste von acht Kindern. Die Kinder sahen ihre Eltern selten. Wenn sie ein Anliegen hatten, brauchten sie einen Termin. Der Vater, Gustav Krupp von Bohlen und Halbach, gab einen strengen Takt im Hause vor.

Materiell fehlte es den Kindern auf dem Hügel an nichts. Sie hatten einen eigenen Park, eigene Reitpferde, aber kaum Freiheiten. Im Haus lebten die Kinder getrennt von ihren Eltern. Sie wurden von Hauslehrern und Gouvernanten streng erzogen. Für menschliche Wärme gab es in der riesigen Villa Hügel wenig Platz.

Von den Kindern traf es Alfried, den Ältesten, besonders hart. Von frühester Kindheit an wurde Alfried mit besonderer Strenge auf seine Rolle als Alleinerbe der Firma Krupp vorbereitet. Immer wieder versuchte er der Enge dieser vorbestimmten Rolle und den Zwängen des Elterhauses zu entkommen. Am Ende ohne Erfolg.

In Deutschland hatten inzwischen die Nationalsozialisten die Macht ergriffen. Krupp profitierte von ihrer Wiederaufrüstungspolitik und stand hinter dem Regime. Hitler suchte von Beginn an die Nähe zur Familie. In der Zeit bis 1940 besuchte er die Villa Hügel drei Mal. Die anfängliche Skepsis der Familie Krupp wich. Zum 70. Geburtstag von Gustav Krupp von Bohlen und Halbach lud sich „der Führer" selbst ein.

Benito Mussolini und Adolf Hitler wurden 1937 von Gustav Krupp von Bohlen und Halbach in der Hauptverwaltung empfangen.

Bald darauf verschlechterte sich sein Gesundheitszustand. 1943 übernahm sein Sohn Alfried die Leitung des Unternehmens. Ein Erlass des Führers regelte, wie er ohne allzu große Steuerlast Alleininhaber der Firma Krupp und des Hügels wurde. Längst hatte da der Krieg das Ruhrgebiet schon erreicht. In der Villa Hügel wurden nur noch gelegentlich kleine private Feste gefeiert.

Für die Alliierten bedeutete Krupp das Symbol für die deutsche Rüstungsindustrie. Essen war daher eines der Hauptziele der alliierten Bomber. Im Keller der Villa Hügel hatten die Krupps einen Luftschutzbunker einbauen lassen, in dem Alfried Krupp und das Personal Schutz bei Bombenangriffen suchten.

Bei Kriegsende waren die Kruppwerke zu etwa einem Drittel zerstört. Große Teile von Essen lagen komplett in Trümmern. Die Villa Hügel blieb weitgehend unversehrt. Am 11. April 1945 wurde Alfried Krupp hier von amerikanischen Soldaten verhaftet und anschließend in Nürnberg vor das Kriegsverbrechertribunal gestellt. Das Urteil: zwölf Jahre Haft.

Alfried Krupp von Bohlen und Halbach wird durch amerikanische Soldaten des 131. Infanterieregiments verhaftet, 11. April 1954

DIE VILLA HÜGEL WAR EINE WELT FÜR SICH

„Hier war viel Betrieb, überall Schreibtische in Großraumbüros und Sekretärinnen an Schreibmaschinen. Ständig klingelten Telefone und es roch nach Zigarettenrauch. Niemand achtete auf mich. Also bin ich hier herumgestreift. Ich hab mich wie in einem Palast gefühlt."

Mary Bruce geb. Baldy, Tochter von Frank Baldy, der von 1949 bis 1952 als US-Diplomat in der Essener Villa Hügel arbeitet

DAS GEHEIME SCHWIMMBAD UND DAS CHINESISCHE ZIMMER

Während Alfried Krupp im Gefängnis saß, residierten in der Villa Hügel alliierte Behörden. Amerikaner und Briten steuerten von hier aus die Kohleproduktion im Ruhrgebiet und die Reparationen. Einer von Ihnen war der Vater von Mary Bruce. Häufig nahm er seine Tochter mit zur Arbeit.

Beim Herumstreifen in der Villa machte die kleine Mary eine Entdeckung: das Schwimmbad der Krupps. Gustav und Bertha Krupp hatten es in besseren Zeiten einbauen lassen.

Die neuen Bewohner fühlten sich in der Kruppschen Residenz langsam wie zuhause. Und sie machten bald ihre eigenen Entdeckungen. Hinter einer versteckten Tür fanden sie eine Treppe, die zum sogenannten chinesischen Zimmer

Das 1914 im Keller der Villa Hügel
eingebaute Schwimmbad im Jugendstil

Im April 1945 beschlagnahmten die einmarschierenden Amerikaner die Villa Hügel und richteten dort den Sitz der Alliierten Kohlenkontrollkommission ein. Im Juli 1952 wurde das Anwesen der Familie Krupp von Bohlen und Halbach zurückgegeben. Die Bilder zeigen, dass hier nicht nur gearbeitet wurde ...

Das Krupp-Direktorium um 1957, vorn links Alfried Krupp von Bohlen und Halbach, daneben Berthold Beitz

führt. Gustav Krupp hatte es 1912 einrichten lassen. Das chinesische Zimmer gefiel den britischen Soldaten so gut, dass sie kurzerhand eine Bar einbauten. Nach Dienstschluss ging es hier hoch her. Die meisten heutigen Besucher der Villa ahnen nichts von diesem Geheimnis im Keller der Villa Hügel.

1951 erhielt Alfried Krupp das Unternehmen und das Familienvermögen von den Alliierten zurück. Auch die Villa Hügel. Doch was sollte aus der ihm verhassten Familienresidenz werden? Was aus der Firma? Alfried Krupp fühlte sich nicht in der Lage, das Unternehmen alleine zu führen und fand auf der Suche nach einer Vertrauensperson Berthold Beitz, den er zu seinem Generalbevollmächtigten machte. Damit wurde Beitz zu einem der mächtigsten Industriellen Westdeutschlands. Berthold Beitz war in fast allem das Gegenteil von Alfried Krupp. Offen, charmant, leutselig – und unbelastet. Alfried Krupp vertraute ihm in allen Fragen.

Die Villa Hügel stand nach dem Auszug der Alliierten leer. Große Teile der Kunstsammlung und des Mobiliars waren verschwunden. Man diskutierte verschiedene Nutzungen, Alfried Krupp jedoch hatte eine ganz klare Vorstellung. Er wollte die Villa Hügel, weil er sie hasste, für genau eine Mark an die Stadt Essen verscherbeln. Beitz trat ihm entgegen: „Herr von Bohlen, Sie können doch nicht ihr Elternhaus für eine Mark verkaufen!" Alfried Krupp entgegnete: „Doch, das kann ich sehr wohl!" Letztlich ließ er sich dann aber doch von Beitz überzeugen, dass dies nicht die richtige Geste wäre, stellte aber klar: „Ich ziehe da um keinen Preis wieder ein."

DIE VILLA WIRD ÖFFENTLICH

1953 begann eine neue Zeit für die Villa Hügel. Sie wurde schrittweise für die Öffentlichkeit geöffnet. Im Rahmen einer Wohltätigkeitsveranstaltung präsentierte Christian Dior in der Villa Hügel eine Modenschau. Bald fand auch eine erste Kunstausstellung statt. „Die Bevölkerung der Stadt Essen hat sich für dieses Haus immer wahnsinnig interessiert, denn sie kamen ja nicht hinein. Und als 1953 die erste Ausstellung hier im Haus lief, da kam mehr als die Hälfte der Stadtbevölkerung hierher, um sich das anzuschauen, aber die wollten die Ausstellung nicht sehen, sondern die wollten endlich für einen kleinen Eintritt Haus und Garten sehen. Die wollten einfach sehen, wo Herr Krupp sein Wohnzimmer gehabt hat und wie das aussieht. Für die Ausstellung haben die sich eigentlich nicht so interessiert." [5]

Diese Faszination für die Villa Hügel ist bis heute ungebrochen. Über 100.000 Besucher besuchen jedes Jahr den einstigen Sitz der Stahldynastie. Allerdings sind nicht alle Teile der Villa öffentlich zugänglich. Neben dem Schwimmbad und dem chinesischen Zimmer gehört dazu auch ein weiterer geheimnisvoller Raum: die 1905 gebaute Stahlkammer. Hier lagerten die Krupps ihre wichtigsten und wertvollsten Dokumente.

Mit vielen bedeutenden Kunstausstellungen entwickelte sich die Villa Hügel ab den 1950er Jahren zu einem wichtigen Kunst- und Kulturort der Bundesrepublik. „In der Wirtschaftswunderzeit begann die Villa Hügel zu einer Art Symbol des Wiederaufbaus und der wieder genesenen deutschen Industrie zu werden. Man merkte das daran, dass viele Staatsgäste hierher kamen." [6]

Die junge Bundesrepublik wollte vor allem durch wirtschaftliche Leistungen glänzen. Und die Villa Hügel mit ihrem feudalen Flair war damals einer der wenigen echten Repräsentationsorte der Bonner Republik. Zur 150-Jahr-Feier des Unternehmens im Jahr 1961 wurde im kleinen Haus der Villa Hügel eine historische Ausstellung eröffnet, die noch heute am gleichen Ort besteht. Sie wurde mehrfach überarbeitet und zeigt die zweihundertjährige wechselvolle Geschichte der Firma und der Familie Krupp. Sie fasziniert auch heute noch tausende Besucher im Jahr.

Arndt von Bohlen und Halbach (l.) unterzeichnet im Beisein von Berthold Beitz den Verzicht der Familie auf das Krupp-Erbe, 20. September 1966

Mitte der 1960er Jahre geriet die Firma Krupp wieder in wirtschaftliche Schwierigkeiten. Alfried Krupp traf eine weitreichende Entscheidung. Auf einer der traditionellen Jubilarfeiern in der Villa Hügel, bei denen altgediente Kruppianer für ihre lange Betriebszugehörigkeit geehrt wurden, gab er die Zukunftspläne für das Unternehmen bekannt: „Ich habe mich entschlossen, die Firma über eine Stiftung, die Ausdruck der dem Gemeinwohl verpflichteten Traditionen des Hauses Krupp sein soll, in eine Kapitalgesellschaft umzuwandeln. Diesen Weg zu gehen, ermöglichte mein Sohn Arndt durch seinen Erbverzicht."

Alfried Krupp besiegelte damit das Ende der Kruppschen Familiendynastie. Es war sein letzter öffentlicher Auftritt. Drei Monate später, am 30. Juli 1967, starb Alfried Krupp. Tausende Essener Bürger erwiesen ihm auf der Villa Hügel die letzte Ehre.

Vor seinem Tod hatte Krupp noch seine Nachfolge geregelt. Berthold Beitz sollte auf Lebenszeit Vorsitzender der gemeinnützigen Alfried Krupp von Bohlen und Halbach-Stiftung werden, die das gesamte Kruppvermögen erbte. Sitz der Stiftung und ihres Vorsitzenden Beitz sollte das Gästehaus der Villa Hügel sein.

In seinem Sinne ist es Aufgabe der Kruppstiftung, das Unternehmen Krupp zu steuern und zu erhalten und mit den Gewinnen Kunst, Kultur und Wissenschaft im Ruhrgebiet zu unterstützen. Die Gedenkfeier für Berthold Beitz, der 2013 mit fast 100 Jahren starb, hier statt. Über 60 Jahre hatte er die Geschicke von Krupp gelenkt.

Die Villa Hügel bleibt ein zentraler Ort, der an die Größe der Kohle- und Stahlzeit im Ruhrgebiet erinnert. Ein Mythos. „Ein so großes Haus wie dieses verrät seine Geheimnisse nie endgültig. Und gerade das ist ja das Spannende im

Im Kleinen Haus informiert eine Dauerausstellung über die Geschichte der Familie, des Unternehmens sowie die Alfried Krupp von Bohlen und Halbach-Stiftung.

Die Obere Halle des Großen Hauses dient heute als Konzertsaal

Umgang mit solchen Gebäuden, am Umgang mit Geschichte. Und auch die Villa Hügel wird heute, morgen und übermorgen immer wieder neu interpretiert und neu gesehen werden. Und das ist gut so." [1]

Quellen:

1 Prof. Dr. Ralf Stremmel, Alfried Krupp von Bohlen und Halbach-Stiftung, Historisches Archiv Krupp

2 Joachim Bessing, Schriftsteller und Journalist

3 Diana Friz, Enkelin von Gustav Krupp

4 Mary Bruce geb. Baldy, Tochter von Frank Baldy, der von 1949 bis 1952 als US-Diplomat in der Essener Villa Hügel arbeitete

5 Matthias Wunderlich, ehemaliger Hausmeister der Villa Hügel

6 Joachim Käppner, Ressortleiter bei der Süddeutschen Zeitung und Biograf von Berthold Beitz

ORDENSBURG VOGELSANG

ORDENSBURG VOGELSANG

Über der Nordeifel thront eine gewaltige Burg-Anlage, errichtet für die Ewigkeit: die Ordensburg Vogelsang, eines der größten erhaltenen Bauwerke aus den Herrschaftsjahren der „deutschen Herrenmenschen". Die Elite des NS-Staates sollte in dieser Abgeschiedenheit herangezogen werden, sich körperlich ertüchtigen. Und lernen, die Welt zu beherrschen.

Noch heute übt dieser Ort eine eigentümliche Wirkung aus, imponiert und provoziert. Und um das, was sich hier abspielte, ranken sich viele Mythen. „Viele Besucher kommen ja heute mit dem Eindruck hierher, da liegt ein spannender, geheimnisvoller, mysteriöser Ort, irgendwie in den Wäldern der Eifel verborgen." [1]

1938 feierte die NS-Propaganda diesen Ort als steinernes Abbild ihrer Weltanschauung. In einem Propagandafilm hieß es:

> *„Aus der herben Landschaft der Eifel heraus entstand die Ordensburg Vogelsang. Das gewaltige Mauerwerk der hochstrebenden Türme, die Bauten und Höfe und monumentalen Plastiken sind Ausdruck eines starken neuen Geistes."*

Ganz bewusst wurde der Standort im Erholungsgebiet nahe dem Urftsee gewählt. Den romantisch klingenden Namen „Vogelsang" entlieh man sich von einem der Anlage gegenüber liegenden Hügel der Nordeifel. Verantwortlich war Robert Ley, „Reichsorganisationsleiter" der Nationalsozialisten. Hier sollten die künftigen politischen Funktionäre herangezogen werden.

Die Ordensburg war ein nationalsozialistisches Großprojekt, die Baustelle 1934 eine der größten im Dritten Reich. Sie sorgte für wirtschaftlichen Aufschwung, von dem die ganze Region profitierte. Der NSDAP brachte das Sympathien ein und der Eifel neue Arbeitsplätze. „Robert Ley hat permanent neue Ideen produziert, und der Architekt Clemens Klotz musste quasi jedes halbe Jahr neu planen, Erweiterungen integrieren. Das ging schier ins Utopische. Es gab die Planungen

INSZENIERTER
HERRSCHAFTSANSPRUCH

Antreten der Teilnehmer des 1. Kurzlehrgangs auf dem Appellplatz, noch in zivil

Architekt Clemens Klotz präsentiert Reichsleiter Robert Ley Baupläne auf einer Brüstungsmauer.

Betonstützen-Konstruktion am Haus 11, Juli 1934

Feier zum 1. Mai 1937 auf der Freilichtbühne; im Hintergrund ist das im Bau befindliche Schwimmbad sowie die Urfttalsperre zu sehen

für ein riesiges tempelartiges Haus des Wissens, das für die Eifel aberwitzige Dimensionen erreicht hätte." [1]

Doch diese Planungen wurden nie realisiert, zurückgeblieben ist eine riesige Leerfläche. „Wenn man sich die Ordensburg heute ansieht, dann kann man nachvollziehen, wie die Propaganda in der NS-Zeit suggerierte, dies sei ein Bauwerk für 1.000 Jahre. Aber zunächst ist das architektonisch ja eine Pseudo-Burg, ein Bau des 20. Jahrhunderts, und schon gar nicht das damals beschworene Bollwerk des Geistes. Wenn man hinter die Grauwackenbruchsteinfassade guckt, entdeckt man eigentlich ein vergleichsweise modernes Bauwerk, weil sich dahinter Stahlbeton-Konstruktionen verbergen." [1]

Nur zwei Jahre dauerten die Bauarbeiten, 1936 war das Vorzeigeprojekt fertig. Vogelsang im Westen war eine von insgesamt drei Ordensburgen, zwei weitere lagen im Süden und im Osten des Deutschen Reiches.

Wie ein Orden müsse seine Partei sein, forderte Hitler. In den Ordensburgen sollten die künftigen Vollstrecker des nationalsozialistischen Herrschaftsanspruches herangezogen werden. Ein Männerbund, seine Mitglieder nannten sich Junker.

Der Lesesaal in der Bibliothek

Ihr Vorbild: Der Deutsche Orden des Mittelalters. Deren Ritter hatten einst den Osten Europas erobert und kolonisiert.

Der Mythos Ordensburg weckte hohe Erwartungen. Viele junge Männer fühlten sich davon angezogen und bewarben sich. „Wenn wir uns einzelne Männer, über die wir biografisches Wissen haben, mit Jugendlichen anschauen, dann gilt es auch zu fragen, wo diejenigen, die die neue Elite von morgen sein wollten, eigentlich herkamen, und es ist dann eben interessant zu sehen, dass die Junker oft aus Angestelltenschichten stammten, aus der mittleren Ebene der Gesellschaft. Hier konnten sie eben Teil dieser neuen Führungsschicht des Staates werden. Diese neue Elite war nicht das, was wir vielleicht heute als gesellschaftliche Elite verstehen würden, es war die Verheißung, Elite zu sein." [2]

AUSGEBILDETE PARTEIROBOTER

Wer dazu gehören durfte, hatte Robert Ley genau festgelegt, Punkt für Punkt: athletische gesunde Männer, Mitte zwanzig, keine Brillenträger. Die arische Abstammung musste bis 1800 nachgewiesen werden. Genauso wichtig aber waren die Parteimitgliedschaft schon vor 1933 und eine demokratiefeindliche Grund-

Lehrgangsteilnehmer beim Fechtsport auf dem Sportplatz

haltung. „Das einzige, wo definitiv nicht nach gefragt wurde, waren Schulzeugnisse oder Berufsqualifikationen, ganz im Gegenteil. Ley hatte seiner Musterungskommission sogar ausdrücklich verboten, danach zu fragen. Es ging hier ja auch nicht um Schulung, sondern darum, Glauben zu vermitteln." [3]

In der Ordensburg wurde der Führerwille inszeniert, die Gemeinschaft zelebriert. Die Freilichtbühne als kultischer Ort, in nationalsozialistischer Germanenverehrung zur Thingstätte stilisiert. Wieder zeigt sich der Wunsch nach historischer Legitimation. Dabei war die Freilichtbühne eigentlich nicht mehr als ein Veranstaltungsort. Das Richtfest wurde hier gefeiert, oder wichtige Tage des nationalsozialistischen Kalenders begangen.

Die abgeschiedene Anlage der Ordensburg mit ihren verschiedenen Funktionsbereichen blieb den meisten Menschen aus der Umgebung ein Rätsel: Was genau würde sich in diesen Mauern abspielen? Was mit den jungen Männern geschehen, die für drei Jahre in Vogelsang blieben?

DIE ORDENSBURG VOGELSANG ALS KADERSCHMIEDE

„Das Ziel war, am Ende dieser Ausbildung eine Kohorte von 1.000 gleichartig denkenden, fühlenden und handelnden Männern, die als Parteiroboter für die NSDAP einsetzbar gewesen wären, zur Verfügung zu haben."

**Franz Albert Heinen, Kenner des Systems
der NSDAP-Ordensburgen, insbesondere der
NS-Ordensburg Vogelsang**

Anfang Mai 1936 traten die ersten 550 Männer auf Vogelsang an. Sie alle waren überzeugte Nationalsozialisten – Führerglaube, Volksgemeinschaft und Rassenideologie waren ihnen vertraut. Untergebracht wurden sie in Massenunterkünften. Die zehn sogenannten Kameradschaftshäuser und die später gebauten vier Hundertschafthäuser boten bis zu 1.000 Junkern Platz. In jedem der Kameradschaftshäuser gab es zwei Schlafsäle mit 20 Plätzen. Zwischenwände trennten den Schlafsaal in Kojen mit je zwei Betten, an deren Öffnung zum Mittelgang die Spinde standen. Die Ausstattung war spartanisch: ein Bett und ein Spind pro Person, mehr gab es nicht.

Alles war auf Gemeinschaft ausgelegt: der Waschraum ebenso wie der Aufenthaltsraum. Ein simuliertes Lagerleben, fast wie im Krieg. Ein Ordensjunker wird später berichten: Der Zwang des Zusammenleben-Müssens hatte zu einer Kameradschaft zusammengeschmiedet, aber auch die individuelle Entwicklung gehemmt.

Hier waren die Männer Teil eines fest durchgeplanten Alltags. Nach dem Frühsport folgten Stubendienst, Flaggenappell, Vorlesungen, Seminare, Arbeitsdienste und noch einmal Sport. Dazu kamen unterschiedliche Tagesbefehle und weitere Appelle. Freizeit gab es nicht.

Ähnlich erleben es einige Jahre später die so genannten Adolf-Hitler-Schüler. Ab 1942 – da waren die Junker schon im Krieg – bekamen die Schüler in Vogelsang einen ersten Vorgeschmack davon, was es hieß, ein Ordensjunker zu werden. Gehorsam stand an erster Stelle:

Werner Grütter

„Ich bin hierhergekommen mit positiven Vorstellungen, weil ich erstens angenommen habe, dass diese Schule mir mehr Möglichkeiten meine heimatliche Schule bietet. Und zweitens habe ich gedacht, dass ich mich gewaltig anstrengen muss, um hier mithalten zu können und nicht nach Hause geschickt zu werden. Was mir zu schaffen gemacht hat, ich war ja auf dem Dorf groß geworden, das war ein sehr hoher Standard an Ordnung und Sauberkeit. Es gab einen FvD, einen Führer vom Dienst, und der inspizierte die Kojen und Buden und riss dann die Schranktüren auf … Und wenn die Wäschestücke nicht genau auf Kante gelegt waren, dann riss er sie heraus und dann hieß es: in zehn Minuten Spindappell. Zwischendurch musste man aber, wohlgemerkt im Sommer, Wintermantel übergeschnallt, diese ganzen Treppen hoch und runter hüpfen, und dann sah man Blau zum Schluss. Das waren uralte militärische Schikanen." [4]

Die Treppe an der Freilichtbühne, der Ort der Schikanen

Der „Fackelträger" am „Sonnwendplatz" sollte das rassistische Herrenmenschenideal verkörpern.

KULTRAUM UND RELIGIONSERSATZ

Auf dem Gelände der Ordensburg wurden die Ordensjunker immer wieder an ihren Auftrag erinnert, die NS-Ideologie wie eine Fackel in die Welt zu tragen. „Ihr seid die Fackelträger der Nation, ihr tragt das Licht des Geistes voran im Kampfe für Adolf Hitler." Die Botschaft kam bei den Ordensjunkern an. Eine von ihnen verkündete: „Wir sind gewiss: Von den Ordensburgen wird die Welt- anschauung Adolf Hitlers durch Jahrhunderte hindurch bis in die fernste Zukunft getragen werden". Ein Glaubensbekenntnis.

Im sakral inszenierten Kultraum wurde die nationalsozialistische Weltanschau- ung zum Religionsersatz. Statt Gott der neue deutsche Mensch auf den Altar gehoben.

„Sich zum Christentum zu bekennen ging ja nicht, wenn man denn eine höhere Position bekleiden wollte, auf der Ordensburg war das ja vorgezeichnet, und da musste man sich entscheiden. Und mein Vater hat sich dann entschieden, aus der evangelischen Kirche auszutreten. Da war ja jemand anders, auf den man eingeschworen wurde, der ja auch mit religiösen Attributen daher kam, und da passte ja kein christliches Bekenntnis dazwischen.“ [5]

Im Kultraum fanden auch Hochzeiten der Ordensjunker statt. Den Bund fürs Leben besiegelte nicht mehr der Pfarrer, sondern ein Repräsentant der NSDAP.

Neben Ideologie und der Vorbereitung auf zukünftige Verwaltungsaufgaben war Sport das Wichtigste bei der Ausbildung der zukünftigen Parteifunktionäre. „Also das Erlebnisangebot, das es hier vor Ort gab, sei es Segelfliegen oder Reiten, all das gehörte ja auch mit zu der Bildung einer besonderen Gemeinschaft, zur Bildung einer eigenen Identität der Gruppe. Und diese besonderen Erlebnisse kann man heute eigentlich ganz gut nachvollziehen, also was den Mitmachgedanken ausmacht, dieser moderne Gedanke des Nationalsozialismus.“ [2]

Auch der Sport diente gleichermaßen der nationalsozialistischen Ideologie. Kerngesunde Körper heranzuziehen, hatte Hitler gefordert. In Stein gehauen

Eheweihe im Hörsaal, Rückkehr der Brautleute aus dem Kultraum

Hochzeitsfeier im Seminarraum, im Hintergrund sitzen Lehrgangsteilnehmer als Zuschauer

Ordensjunker in Sporthosen auf dem Sportplatz beim Turnen mit Ball in Formation

dient das Relief am Sportplatz den Männern als Vorbild. Unablässig sollten sie ihre Körper stählen. Der Drill durchzog den Tag in Vogelsang – auch später bei den Adolf-Hitler-Schülern. Es gab kaum eine Sportart, die nicht erlernt wurde. Alles diente der perfekten Beherrschung von Körper und Geist. Wer als Nichtschwimmer antrat, konnte in der Ordensburg nicht mit Rücksicht rechnen. „Es war ja für mich als Nichtschwimmer natürlich ein Schreckgespenst, weil man sofort antreten musste hinter den Sprungbrettern und dann ins Wasser springen, vom Einer, Kopfsprung, Fußsprung, vom Dreier, Kopfsprung. Dann holten uns ältere Schulkameraden aus dem Wasser. Das fand ich eigentlich gut, dass man da so die inneren Ängste, oder wie man beim Militär sagte, den inneren Schweinehund, überwunden hat. Und es gab schon den einen oder anderen, der das nicht vertragen konnte und nach der Mutter schrie, ich erinnere mich an einen, der war dann weg. Also es spielte eine Rolle, dass man nicht so ein Weichei war." [4]

Grenzen überwinden, Mut, Entschlossenheit und Durchsetzungskraft fördern, lautete das erklärte Ziel. Besonders der Kampfsport Boxen wurde ideologisch aufgeladen: Nur der Stärkere sollte das Recht haben, zu bestehen. „Es war eine sozialdarwinistische Vorstellung, dass, wenn man nur permanente Auslese betreibt, am Ende Höchstleistungen erzielt." [3]

Davon bekamen Außenstehende nur wenig mit. Dabei wurde in der Kaderschmiede auch Besuch empfangen und herumgeführt. „Man war froh, diese Großanlagen zu haben, man war stolz darauf und man wollte die natürlich auch möglichst vielen Volksgenossen und vor allem Parteileuten zeigen." [1]

Der Blick von der Ordensburg Vogelsang hinab auf die Urfttalsperre

Burgschänke

Schwimmbad mit dem Mosaik der drei „nackten Athleten"

Prägendes Element der „Ordensburg"-Inszenierung: der 48 Meter hohe Flankenturm des Ostflügels

Die Bruchsteinfassade sollte den Burgcharakter stärken.

Hunderschaftshäuser

Joseph Goebbels am Rednerpult während einer politischen Tagung in Vogelsang, vorne links sitzend Burg-Kommandant Richard Manderbach, neben ihm Robert Ley, Reichsleiter der NSDAP

NS-TOURISMUS MIT KAFFEE UND KUCHEN

Auch die NS-Prominenz kam gern: Hermann Göring, Josef Goebbels und schließlich Rudolf Heß wollen sich selber ein Bild vom Vorzeigeprojekt Vogelsang machen. Die gewaltige Anlage bot den geeigneten Rahmen für Staatsempfänge, Tagungen und Veranstaltungen aller Art – wie kaum ein anderer Großbau der Nationalsozialisten. „In der NS-Zeit gab es einen gewissen Tourismusverkehr. Es war ein übliches Programm, von Aachen eine Bustour zu machen, sich die Eifel anzusehen, Kaffee und Kuchen gab es nach der Führung mit einem Ordensjunker durch die Ordensburg dann in der Burgschänke." [1]

Hermann Göring wird auf dem Adlerhof von Kindern mit Blumensträußen begrüßt, mit dabei: Robert Ley (vorne l.) und Richard Manderbach (2. v.r.)

In der Burgschänke waren die Junker nur selten. Sie hatten wenig Taschengeld, ein Bier war teuer. Dabei war die Schänke als Ort der Kameradschaft geplant. Stattdessen diente sie vor allem den Touristen und auswärtigen Besuchern als Kulisse für ausgelassene Feierstunden.

Für feuchtfröhliche Abende hatten die Junker wenig Gelegenheit. Sie sollen gesellschaftsfähig werden. „Sie wussten mit den Weingläsern umzugehen, sie wussten, wie die Besteckreihen zu nutzen waren, alles das sollte sie ja befähigen, später mit Führungspersönlichkeiten der Gesellschaft, der Wirtschaft ebenbürtig verkehren zu können." [5] Über 500 Bedienstete sorgten auf Vogelsang für einen reibungslosen Tagesablauf. Weit weg von den Junkern wohnten sie in separaten

Gebäuden innerhalb der Großanlage, arbeiteten in der Elektro-Abteilung, in den Werkstätten, bei der Putzkolonne, in der Bügelstube oder Näherei und für den Fuhrpark. „Dieser Ort Vogelsang ist eigentlich ein Männerort, wenngleich zur Zeit der Junker hier auch mehrere hundert Frauen tagtäglich gearbeitet und hier ja eigentlich alles, was Küche, Wäsche und sonstiges angeht, erledigt haben, um eben diesen Männern den ganzen Alltag hier so angenehm wie möglich zu gestalten." [2]

Adolf Deneffe ist auf der NS-Ordensburg Vogelsang groß geworden. Als Sohn eines Fahrers hat er mit seiner Familie in einer der Wohnungen des Wirtschaftshofes gelebt. „Wir hatten hier Narrenfreiheit, konnten tun und lassen, was wir wollten. Hier oben hat keiner was gesagt, wenn wir runter gingen zum Adlerhof, ja, da war es schon anders. Unsere Mutter hat immer gesagt, da unten habt ihr nichts verloren, weil da so viele Paraden waren und viele hohe Offiziere. Hier lief immer alles nur im Ledermantel und dazu gestiefelt und gespornt. Außerdem war da ja auch die Wohnung vom Hitler. Wenn der hier war, hat der ja unten am Adlerhof gewohnt, in dem einen Trakt, und deswegen durften wir nicht da runter. Wir wussten immer, wenn der hier war, dann war alles geflaggt, das war dann nur ein einziges schwarz-weiß-rotes Meer." [6]

Zweimal besuchte Hitler die Ordensburg. Für die ländlich abgeschiedene Region der Eifel waren diese Besuche ein ganz besonderes Ereignis. Erst schritt er die angetretene Burgmannschaft ab, dann widmet sich Hitler seinem eigentlichen Ziel: die anwesenden Kreisleiter auf die künftige Marschrichtung einzuschwören und sie auf den bevorstehenden Krieg einzustimmen.

Mit dem Beginn des Krieges wurden die Ordensjunker an die Front bestellt. Die meisten von ihnen zogen mit fanatischem Kampfgeist los, den sie hier gelernt hatten. Obwohl die Ordensjunker eigentlich für Verwaltungsaufgaben ausgebildet worden waren, starben die meisten von ihnen an der Front – nur ein Drittel von ihnen sollte aus dem Krieg zurückkommen. Meist diejenigen, die in den überfallenen Gebieten den Aufbau der neuen Verwaltung mitorganisierten.

„Da es sich um einen Raubzug handelte, weil die eroberten Gebiete im Osten sollten letztlich zum Wohle des Reiches ausgeplündert werden, brauchte man ideologisch feste Männer, die einerseits auf Parteikurs waren, andererseits aber auch robust genug erschienen, um diese ja doch brutale Ausbeutungspolitik im Osten zu realisieren. Eine ganze Reihe dieser ehemaligen Ordensjunker verstrickten sich dabei auch in schwerste Verbrechen, und es sind einige ganz krasse Fälle bestätigt, wo Ordensjunker dann selber an den Mordgruben bei diesen Massenerschießungen mitgeschossen haben." [3]

Blick vom Turm auf die Zerstörungen im Ostflügel und am Adlerhof; Februar/März 1945

BERNSTEINZIMMER AUF VOGELSANG?

Schließlich kam der Krieg auch nach Deutschland und in die Eifel. Mit den nicht mehr wehrfähigen Männern wurde eine Flugwache eingerichtet, um ankommende Bombenflieger zu melden. Ab 1942 gab es rund um Vogelsang immer häufiger Fliegeralarm.

„Mich machte stutzig, dass wir, die hier oben wohnten, nicht in den Bunker durften. Der war ja immer bewacht, weshalb, weiß ich nicht, wir hatten Angst vor dem Ding." [6] Es war ein Luftschutzbunker direkt unter den Mannschaftshäusern, der nicht benutzt werden durfte. Um ihn ranken sich bis heute zahlreiche Legenden und Geschichten.

Stefan Wunsch

„Die Legenden reichen vom gelagerten Bernsteinzimmer über den Lagerort für Raubgut aus Westeuropa bis dahin, dass Göring hier irgendwas deponiert haben soll. Was man sagen muss, ist, dass die Adolf-Hitler-Schüler, die ja direkt hier untergebracht waren, bei Luftalarm auf keinen Fall in diesen Luftschutzbunker gegangen sind, die sind ein ganzes Ende gelaufen, bis sie in ihrem Luftschutzbunker waren." [1]

Warum bei Fliegeralarm dieser eine Luftschutzbunker verschlossen blieb, ließ sich allerdings bis heute nicht klären. Im Oktober 1944 wurde Vogelsang evakuiert, zwei Monate später von Bomben getroffen. Im Februar 1945 nahmen die Amerikaner die Anlage ein und übergaben sie wenige Wochen später den Briten. Bei ihrer Ankunft fehlten der Inschrift am Fackelträger bereits Hakenkreuz und der Name Adolf Hitlers. Beides hatte offensichtlich die US-Armee bereits getilgt.

Die britische Rheinarmee beschlagnahmte die Ordensburg und erklärte das Gelände rund um Vogelsang zum Truppenübungsplatz. Die Grenzen wurden willkürlich gezogen. Das Dorf Wollseifen lag plötzlich mitten im Sperrbezirk. Beim Kirchgang im Sommer 1946 teilte man der Bevölkerung mit, sie habe 14 Tage Zeit, ihre Häuser zu räumen. Dabei waren die Wollseifener gerade damit beschäftigt, die Kriegsschäden im Dorf zu beseitigen. Doch es half nichts: 550 Wollseifener mussten sich eine neue Existenz suchen.

BELGISCHE FEINDSCHAFT

Das verlassene Dorf nutzte die britische Rheinarmee von nun an für Kriegsübungen. Im April 1950 übernahmen die Belgier das Kommando in Vogelsang. Die Feindschaft der Belgier zu den Deutschen saß noch tief: In zwei Kriegen hatte Deutschland das neutrale Belgien überfallen, viele belgische Offiziere hatten in deutschen Kriegsgefangenenlagern gesessen.

Die belgischen Truppen nahmen daher wenig Rücksicht auf die Dörfer, die in ihrem Aufmarschgebiet lagen.

An einen baldigen Abzug der Truppen war nicht zu denken, im Gegenteil. Die Belgier richteten sich in der ehemaligen NS-Ordensburg dauerhaft ein. Die Soldaten wohnten in den ehemaligen Schlafsälen der Ordensjunker, doch der Platz reichte nicht für eine Truppenstärke von 2.500 Mann. Zusätzliche Unterkünfte mussten her: Das Barackenlager Schelde entstand neben der Zufahrtsstraße. Insgesamt waren 40.000 Soldaten pro Jahr für einige Wochen auf dem Gelände stationiert. Mit der Gründung der NATO kamen auch Niederländer, denn jetzt durfte jeder Bündnispartner diesen Truppenübungsplatz nutzen.

Zu den Veränderungen, die die Belgier in Vogelsang vornahmen, gehörte auch ein großes Truppenkino. Es bot Platz für 1.100 Soldaten. „Das hatte eigentlich der große Hörsaal für die künftigen Ordensjunker werden sollen, angedockt an dieses nur angefangene Haus des Wissens. Die belgische Armee hat hier einen

Geisterstadt Wollseifen mit eigens für den Häuserkampf errichteten Bauten, im Hintergrund die 2002 unter Denkmalschutz gestellte Kirche St. Rochus

begonnenen Bau mit einer Hörsaalschräge vorgefunden. Aber was soll ein Truppenübungsplatz mit einem Hörsaal? Man hat daraus in den 1950er Jahren ein Truppenkino gemacht." [1]

Den ehemaligen Bewohnern wurde der Zutritt zum Übungsgelände in Wollseifen untersagt. Trotzdem schlichen sich manche heimlich hierher. „Wenn man denn schon mal hier ins Dorf kam, da war schon ein bisschen Wehmut um einen, wenn niemand mehr da war, nur noch ein paar Katzen sah man schon mal rumlaufen." [8] Doch auch die heimlichen Besuche wurden weniger, zu groß war die Gefahr, erwischt und inhaftiert zu werden. Den ehemaligen Wollseifenern blieb nur der Blick aus der Ferne. „Meine Mutter sagte dann zur Nachbarin: Darf ich nochmal auf euren Speicher, und dann konnte die hinüber schauen. Wenn sie zurückkam, hatte sie Tränen in den Augen." [8]

Das Dorf war nicht mehr wiederzuerkennen. Die alten Häuser waren den Sprengladungen des Militärs zum Opfer gefallen. Neue wurden errichtet, um hier weiterhin den Häuserkampf trainieren zu können. „Man kann ja in belgischer

DIE BELGISCHEN TRUPPEN IN VOGELSANG

„Der erste Kommandeur von Vogelsang hatte in seinem Büro ein großes Plakat hängen: ‚Ich hasse die Deutschen.' Das war der erste Kommandeur von Vogelsang. Und was war? Der Mann hatte Recht. Ganz Belgien hatte Hass auf die Deutschen."

Victor Neels, ab 1970 Militärkommandant der belgischen Truppen in Vogelsang

Zeit feststellen, dass die Ordensburg nicht mehr Ordensburg ist, sondern schlichtweg Truppenübungsplatz, Camp Vogelsang und damit Sperrgebiet. Insofern hat die Anlage mit Sicherheit polarisiert in der Region, das heißt aber auch, dass alle möglichen Dinge in diesen Ort hineingeheimnist werden konnten." [1]

Niemand wusste, was in dem abgeriegelten Gebiet vor sich ging. Wie schon zu NS-Zeiten war auch in den belgischen Jahrzehnten das Gelände im Fokus der Region. Widerstand regte sich, das Verhältnis zwischen Truppen und Anwohnern wurde immer schlechter.

1970 übernahm Victor Neels das Kommando, auch er hatte im Krieg gelitten und war in deutscher Gefangenschaft gewesen. Doch er ist mit einer Deutschen verheiratet und brachte einiges ins Rollen. Er machte die belgische Militärkapelle zu einem Ort der Begegnung zwischen Deutschen und Belgiern. „Ich habe gemerkt, dass die Lage hier schwierig war. Es gab Demos gegen Belgien: Belgier raus und NATO raus. Die Panzer fuhren einfach überall durch, hinterließen Dreck auf den Straßen. Es gab Unfälle, da waren auch Kinder mit einbezogen und so weiter. Das waren dann dramatische Geschichten. Und da habe ich gedacht, dass ich irgendwie versuchen muss, das ein bisschen zu regeln." [7]

Zum Ehrengottesdienst für den belgischen König in der Kapelle lud er auch Deutsche ein. Doch dabei beließ er es nicht, alle sollten sehen, was hinter dem Stacheldraht vor sich geht.

„Jedes zweite Jahr haben wir einen Tag der offenen Tür veranstaltet, zu dem immer etwa 50.000 Besucher kamen. Da wurde vieles organisiert, vor allem für Kinder, und mit den Fahrzeugen wurde auch ein bisschen gefahren. Diese Veranstaltung hat wohl enorm viel beigetragen zu dem neuen Verständnis zwischen Deutschland und Belgien. Das ist dann gewachsen und hat zu einem ganz anderen Verständnis geführt. Und auf einmal war der Hass weg." [7]

Jahrzehntelang haben die Belgier das riesige Gelände militärisch genutzt, ansonsten aber die Natur in Ruhe gelassen. Als sie 2005 abzogen und Vogelsang samt Sperrgebiet den Deutschen übergaben, entstand daraus ein Nationalpark. „Jetzt versuchen wir wieder, das Beste draus zu machen. Also man kann sagen, im Nachhinein ist die Burg nicht nur Fluch gewesen, im Nachhinein gibt sie uns auch was zurück." [9]

„Heute würde ich mir wünschen, dass dieser Ort ein Ort der Erlebniswelt Demokratie ist, ein Ort, wo Menschen verschiedenen Alters zusammenkommen, um sich mit der Geschichte des Ortes auseinanderzusetzen und diesen Ort lebendig füllen." [2]

Andrea Nepomuck

Quellen:

1 Stefan Wunsch, Fachbereichsleiter Bildung und Kultur im Ausstellungs- und Bildungszentrum „vogelsang ip | Internationaler Platz im Nationalpark Eifel"

2 Andrea Nepomuck, Studienrätin, Außerschulische Lehrkraft im Ausstellungs- und Bildungszentrum „vogelsang ip | Internationaler Platz im Nationalpark Eifel"

3 Franz Albert Heinen, Journalist und Sachbuchautor, publizierte vor allem zum System der NSDAP-Ordensburgen, insbesondere der NS-Ordensburg Vogelsang.

4 Werner Grütter, ehemaliger Adolf-Hitler-Schüler

5 W. (Name der Redaktion bekannt), sein Vater war Ordensjunker, nicht nennen

6 Adolf Deneffe, sein Vater war Fahrer in Vogelsang

7 Victor Neels, ehemaliger Militärkommandant der belgischen Truppen in Vogelsang

8 Christel Küpper, Tochter von Kaufleuten in Wollseifen

9 Alfred Wolter, Heimatforscher aus Dreiborn

DUISBURGER HAFEN

DUISBURGER HAFEN

Er ist der größte Binnenhafen Europas, für viele das geheime Herz des Ruhrgebiets. Schiffe aus der ganzen Welt liefern hier ihre Waren an. Doch der Hafen hat auch eine andere, verborgene Seite. Verfolgten diente er als geheimes Versteck, andere fanden hier ihren Weg in die Freiheit. Der Duisburger Hafen. Das Tor zur Welt, ein nahezu unüberschaubares Labyrinth …

Rund einhundert Schiffe liegen hier über Nacht. Die meisten kommen von den großen Nordseehäfen Amsterdam, Rotterdam und Antwerpen. Hier ist die Nacht früh zu Ende. Denn die Schiffer wollen schnell auf die nächste Reise, bis nach Rotterdam zum Beispiel brauchen sie zwölf Stunden.

Rund 40.000 Menschen arbeiten hier – rechnerisch jeder zehnte Duisburger. „Das ist einfach so, dass man hier auch zu unterschiedlichen Zeiten, mal morgens mal nachts arbeitet, und da muss man immer voll konzentriert dabei sein. Wenn man ein Schiff festmacht, dann muss man natürlich drauf gucken, dass man die Finger nicht zwischen dem Tau und dem Poller hat, weil da natürlich riesige Kräfte wirken, und wenn die Finger zwischen den Tauen sind, dann sind die ab." [1]

Die tonnenschweren Behälter müssen exakt im Laderaum platziert werden. Ein Ungleichgewicht kann gefährliche Folgen haben. Im schlimmsten Fall kann sogar der Schiffsbauch brechen. Sicherheit steht an erster Stelle. Das gilt für den gesamten Hafenkomplex – auch für den Schrottplatz. Ein kleiner Fehler, und aus der Routine kann eine Katastrophe werden. Die Schiffe und Tanks haben oft brandgefährliche Ladung. Auch wenn strenge Sicherheitsbestimmungen herrschen, der Hafen bleibt ein gefährliches Terrain. „Oftmals hören sie's auf einmal fürchterlich krachen im Hafen, sie wissen gar nicht, was los ist. Dann sehen sie eine riesige schwarze Wolke – die Insider wissen, was los ist: Dann ist mal wieder auf der Schrottinsel ein Auto in die Presse gekommen, wo noch Betriebsstoffe drin waren, Gase oder Benzine. Dann sprengt dieses Auto erst mal die Anlage." [2]

DAS TOR ZUR WELT

Gigantischer Umschlagplatz und größter Binnenhafen der Welt: der Duisburger Hafen

Panorama von Ruhrort, um 1850

Zuletzt stand die Schrottinsel im Mai 2014 in Flammen. Bei einem solchen Groß-brand müssen sofort alle Schiffe aus dem Hafenbecken evakuiert werden.

Rund 20.000 Schiffe schlagen pro Jahr ihre Waren im Duisburger Hafen um – auf einer Fläche, die so groß ist wie eine eigene Stadt. Der Hafen ist ein Verkehrs-knotenpunkt. Hier kommen Waren aus aller Welt an und gehen von hier aus über den ganzen Globus – per Schiff, Zug oder LKW.

Früher wurde Erz und Kohle verladen, heute sind es hauptsächlich Container, Schrott und Stahlwaren. „Die Schifffahrt geht rund um die Uhr, 365 Tage im Jahr. Die Schiffe werden immer größer, immer moderner. Das Timing läuft viel schnel-ler ab wie früher. Wenn man bedenkt, dass vor 20, 30 Jahren ein Schiff mitunter drei, vier Tage im Hafen gelegen hat, um 1.000 Tonnen Kohle zu löschen … Heute machen wir 6.000 Tonnen in ein paar Stunden! Da sieht man schon, was hier an Mengen durchgeht." [3]

DIE TRAJEKTANSTALT –
EINE TECHNISCHE SENSATION

Zeitdruck und Technik. Und mittendrin ein Ort wie aus einer anderen Zeit: Reste eines alten Hafenbeckens aus dem 19. Jahrhundert – kreisförmig angelegt, weil die Segelschiffe damals nur mühsam wenden konnten. Damals wurden die Schiffe

getreidelt, das heißt vom Ufer aus gezogen, so ging es flussaufwärts. „Es gab Pferdestationen, wo dann je nach Streckenabschnitt Pferde gemietet werden konnten, später sind die Pferde teilweise direkt mit an Bord geführt worden, und wenn man sie brauchte, musste man die Pferde nur ausladen." [4]

Wo die Ruhr in den Rhein mündet, ist das Herz des Hafens. Hier, in Ruhrort, entstand 1716 das erste Hafenbecken. Ein Ort, an dem Schwerstarbeit geleistet

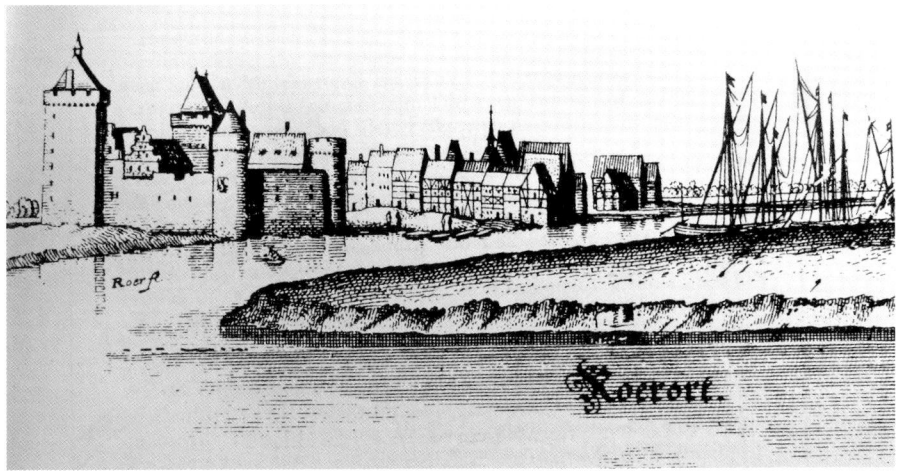

Hafenanlage in Ruhrort, um 1716

Kohleverlageanlage mit Lore und Schütte

Einfachste Verhältnisse: Verladen von Holz
ohne Hilfsmittel im Nordhafen

Hafenmund in Ruhrort, vom Brückenturm aus
gesehen, um 1920

![Am Kaiserhafen]

Am Kaiserhafen

Die Fabrikstraße in Ruhrort, um 1914

Der Karlsplatz in Ruhrort, um 1900

wurde. Hier verluden die Hafenarbeiter die Kohle aus der rheinisch-westfälischen Bergbauregion. Immer wieder kam es auf den völlig ungesicherten Anlagen zu tödlichen Unfällen.

Gut hundert Jahre später wurde der Hafen an die Köln-Mindener Eisenbahn angeschlossen. Doch eine Brücke über den Rhein wollte das preußische Militär nicht bauen lassen, aus Angst vor Angriffen der Franzosen.

Aus dieser Zeit stammt ein beeindruckendes Bauwerk: Ein vierzig Meter hoher Turm. Er ist Teil der Trajektanstalt, 1856 eine technische Sensation – gebaut mit Hilfe britischer Ingenieure. „Wenn ein Eisenbahnzug von einer Rheinseite auf die andere übersetzten wollte, wurde erst mal jeder Waggon einzeln in diesen Turm gerollt, anschließend mit dem Aufzug nach unten gefahren, dort wurden diese Waggons per Hand auf eine Fähre gerollt, und wenn diese Fähre dann gleichmäßig beladen war, setzte sie rüber auf die andere Rheinseite, und dort hat man diese Waggons wieder einzeln in den anderen Turm gerollt, dann nach oben befördert und schließlich die Züge wieder zusammengesetzt."[4] Ein zeitaufwändiges Verfahren. Dreißig Jahre lang wurde die Kohle so über den Fluss gebracht. Dann wurde doch noch eine Brücke gebaut

Ruhrort entwickelte sich zum wichtigsten Hafen für die Rheinschifffahrt. Immer neue Hafenbecken wurden ausgehoben. Bis 1900 wuchs der Hafen um mehr als das Zehnfache. Doch dies schuf neue Probleme. Der Betrieb drohte außer Kontrolle zu geraten. Ständig kam es zu Prügeleien zwischen den Schiffern und

Der Homberger Trajektturm war ein sehr beliebtes Postkartenmotiv

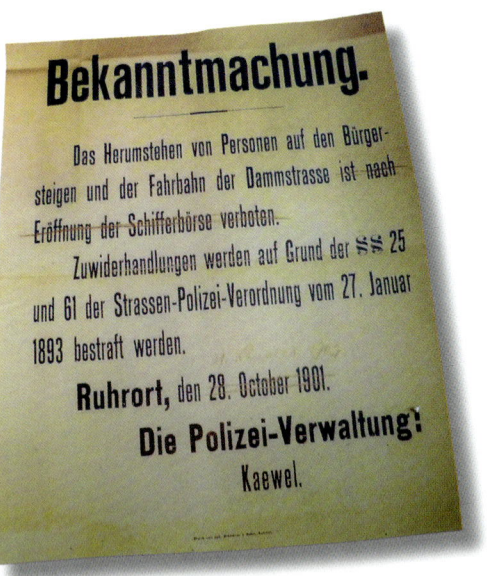

Bekanntmachung.

Das Herumstehen von Personen auf den Bürgersteigen und der Fahrbahn der Dammstrasse ist nach Eröffnung der Schifferbörse verboten.

Zuwiderhandlungen werden auf Grund der §§ 25 und 61 der Strassen-Polizei-Verordnung vom 27. Januar 1893 bestraft werden.

Ruhrort, den 28. October 1901.

Die Polizei-Verwaltung!

Kaewel.

Per Verordnung wurde das Geschäftemachen auf der Straße unterbunden.

Reedern, die sich am Hafenufer, auf den Schiffen oder den Ruhrorter Straßen lautstark über die Frachtraten stritten.

So konnte es nicht weitergehen, die Stadtverwaltung ließ 1901 die Schifferbörse bauen. „Dass man dort aber Eintritt zahlen musste, lehnten viele Schiffer und Agenten jedoch ab, so dass viele doch wieder auf der Straße gestanden und dort ihre Geschäfte abgewickelt haben." [4]

Zeitzeugen berichten, dass es bei diesen Schachereien auf den Straßen immer wieder zu Handgreiflichkeiten und chaotischen Zuständen gekommen sei. Schließlich wurde es den Behörden zu bunt – und sie untersagten das Herumstehen endgültig.

Flugblätter mit Versammlungseinladung und Streikaufruf, 1907

Der Kaiser zu Besuch im Ruhrorter Hafen, 1902

Bis zur Jahrhundertwende war Ruhrort eine der reichsten deutschen Städte geworden. 1902 kam sogar der Kaiser zu Besuch. Die Stadt war ein Anziehungspunkt für Kaufleute und Fabrikanten. Der Handel mit Kolonialwaren, wie Kaffee, Tee oder exotischen Gewürzen blühte, und der Hafen wuchs weiter.

1905 kam es zum Zusammenschluss mit dem Duisburger Innenhafen. Hier, direkt neben der Duisburger Altstadt, wurde seit Jahrzehnten Getreide verladen. Wegen seiner mehr als einhundert Mühlen und Speichergebäude nannte man ihn auch den „Brotkorb des Ruhrgebiets".

Ein gigantisches, Hafenareal entstand – und das schuf neue Konflikte: Während die Reeder immer reicher und mächtiger wurden, schufteten die schlecht bezahlten Arbeiter unter unwürdigen Bedingungen. Unter den Hafenarbeitern wuchs die Unzufriedenheit.

„Ruhrort hatte eine sehr revolutionäre Tradition. Das war so eine Schule für Revolutionäre. Schon zu Kaisers Zeiten gab es sehr massive und intensive Hafenarbeiter- und Schifferstreiks. Und viele Reeder waren verhasst bei den Arbeitern, weil die ja auch Leute entlassen haben, und die Maloche war unglaublich hart im Hafen." [5]

FLUGBLÄTTER UNTER „TOTEN STEINEN"

1932 kam Adolf Hitler zu einer Großkundgebung nach Duisburg. Viele Matrosen und Hafenarbeiter, die sich gegen die Reeder auflehnten, waren im „Kampfbund gegen Faschismus" zusammengeschlossen. Sie gerieten in große Gefahr. „Viele dieser Reeder waren nationalkonservativ und tendierten sehr früh zum Nationalsozialismus. Es gab schon vor 1933 Wahlpropaganda für die NSDAP auf den Schiffen. Die hatten Transparente: Wählt NSDAP!" [5]

Versteckt in Schiffen, schafften es einige Widerstandskämpfer, aber auch Duisburger Juden – gerade noch – ins Ausland. Meist in die Niederlande. Die Nationalsozialisten nahmen nach ihrer Machtübernahme in Duisburg eintausend Widerstandskämpfer fest, darunter auch viele Matrosen. Doch trotz dieser Massenverhaftungen gelang es der Gestapo nicht, das unüberschaubare Hafenlabyrinth unter Kontrolle zu bringen. Seine unzähligen geheimen Ecken und Winkel waren nur den Schiffern und Hafenarbeitern bekannt.

> *„Der Hafen spielte im Widerstand eine sehr große Rolle, weil über die Schifffahrt illegale Flugblätter, Widerstands- und Aufklärungsschriften reingeschmuggelt wurden. Es gab viele geheime Orte in den Schiffen, wo man Schriften verstecken konnte. Das war ein Gewirr von Schiffen – Riesen Schleppzüge, Radschleppdampfer und dahinter die ganzen Lastkähne –, und für die Gestapo war es schwer, sich dort bei Razzien zurechtzufinden. Aber hin und wieder haben die doch illegale Materialien gefunden, und dann wurden die Matrosen direkt auf dem Schiff verhaftet."* [5]

Dennoch wurden immer wieder verbotene Schriften aus den Schiffen an Land geschmuggelt. „Ehemalige Widerstandskämpfer aus Ruhrort haben mir erzählt, dass es sehr gefährlich war, in Ruhrort selbst Flugblätter zu verteilen. Deshalb haben die Schiffer und die Hafenarbeiter diese Materialien irgendwo am Rhein und an der Ruhr oder im Hafen unter sogenannten toten Steinen versteckt. Die waren natürlich den Widerständlern bekannt und wurden dort abgeholt, um sie dann weiter zu verteilen in den Arbeitervierteln Duisburgs und im Ruhrgebiet." [5] Der Widerstand war lebensgefährlich: Es drohten Zuchthaus oder Konzentrationslager.

Dann kam der Krieg – und mit ihm die Bomber. Wegen seiner strategischen Bedeutung nahmen die Alliierten den Hafen immer wieder ins Visier. Am Ende lagen in den Hafenbecken hunderte zerbombter Schiffswracks. Manche von ihnen hatten noch Waren an Bord – im Schiffsbauch tief unter der Wasseroberfläche. Das Entladen war lebensgefährlich. Trotzdem: Der Schwarzhandel blühte.

Im Zweiten Weltkrieg wurden Duisburg und die Hafenanlagen fast völlig zerstört. Hunderte versenkte Schiffe blockierten die Ruhrmündung und das Hafenbecken.

Nach dem Krieg kehrten viele der evakuierten Familien nach Duisburg zurück. Auch der 12-jährige Karl Scherf. „Links und rechts gab es nur Trümmer, kaum ein Haus stand noch. Wir mussten über Brückenzüge laufen. Da die Brücken aber teilweise zerstört waren, hatte man Hilfslaufstege aufgebaut. So mussten wir mit Kinderwagen und dem ganzen Gepäck über ganz schmale bohlenförmige Stege laufen, unten sah man das Wasser. Ich bekam schon mal Gänsehaut, weil ich ein bisschen höhenempfindlich bin. Und dann kamen wir nach Ruhrort hinein. Das war ein Bild, wie soll ich das beschreiben? Es war wie ein Alptraum, wenn man diese ehemals stolzen Schiffe da versenkt liegen sah, zum Teil auch mit starken Bombenschäden, die Steuerhäuser waren gar nicht mehr vorhanden. Das sah aus wie ein Schiffsfriedhof." [6]

Für die Ruhrorter Kinder ein geheimnisvoller, verlockender Ort. „Ich bin nie an Bord solcher Schiffe gegangen. Das war wirklich zu gefährlich, weil die ja noch halb im Wasser lagen, und man wusste gar nicht, wenn man da an Bord ging, ob man zum Beispiel auf ein morsches Brett trat." [6]

Noch kurz vor Kriegsende hatte die deutsche Wehrmacht die meisten Rheinbrücken selbst gesprengt, um den Alliierten den Vormarsch zu erschweren – auch die Karl-Lehr-Brücke, die über die Ruhr führte. Heute ist sie wieder die Hauptverbindung zwischen der Duisburger Innenstadt und dem Ruhrorter Hafen. Ihr Bogen stammt aus Köln. Dort hatte dieser als Teil der Hohenzollernbrücke den

Behelfsbrücke im Hafen   Einweihung der Karl-Lehr-Brücke, 1949

Krieg nahezu unversehrt überstanden. Der 180 Meter lange Bogen wurde, in drei Teile zerlegt, nach Duisburg gebracht. Als Gegenleistung lieferte die Stadt Duisburg Stahl nach Köln. Im August 1949 wurde die neue Karl-Lehr-Brücke feierlich eingeweiht. Seitdem führt ein ehemals Kölner Brückenbogen über die Ruhr in den Ruhrorter Hafen.

Schon Anfang der 1950er Jahre ging es mit der Binnenschifffahrt wieder aufwärts. Der Ruhrorter Hafen entwickelte sich zu einem der wichtigsten Häfen Europas. Zeitweise wurde hier sogar mehr umgeschlagen als im Hamburger Hafen. Am Hafenmund lagen, wie schon seit Jahrzehnten, die Hafenschlepper bereit, um die großen Schiffe in die Hafenbecken zu ziehen. Für Hunderte von Schiffern war der Hafen aber nicht nur der Arbeitsplatz, sondern auch ihr Zuhause. Hier wurden Ehen geschlossen und Kinder geboren.

Ende der 1950er Jahre kam der Matrose Heiner Asbeck nach Ruhrort. Nach der Arbeit trafen sich die jungen Schiffer in einem Jugendheim der katholischen Schifferseelsorge. „Manche konnten ja Akkordeon oder Schlagzeug spielen, und dann wollten wir gerne tanzen. Aber uns fehlten die Mädchen." [7]

Gleich daneben gab es ein Mädchenwohnheim. Dort lebte Ursula Schulz, Tochter eines Binnenschiffers. „Eines Tages kam der Heimleiter und fragte, ob wir nicht Lust hätten, Samstagabends dahinzukommen zum Tanzen, und das haben wir natürlich mit mehreren Mädchen gemacht." [8]

„Man hat da mal getanzt und dergleichen, und dann kamen wir uns immer näher. Und da war auch meine Ursula dabei, und so haben wir uns eigentlich kennengelernt." [7]

„Meine Mutter hat immer gesagt: Heirate bloß keinen Schiffer. Und dann fügte sie hinzu, dass das ihre Mutter auch schon zu ihr gesagt hätte. Denn die Generation davor hatte auch schon ein Schiff und war darauf unterwegs. Mir war die Schifffahrt immer sympathisch." [8]

36 Jahre lang sind die Asbecks auf den Flüssen Europas unterwegs. Zu Beginn ohne Funk oder andere technische Kommunikationsmittel. Welchen Hafen sie als nächsten ansteuern sollten, erfuhren sie per Zuruf an den Orderstationen. „Wenn man an so einer Orderstation vorbeifuhr, hatte man die schon im Auge und die Türen aufgemacht. Denn wenn über Lautsprecher unser Schiff ausgerufen wurde, wusste man sofort, dass der eine Order für uns hat." [7] „Die riefen dann durch: Ihr sollt ganz schnell nach Frankfurt fahren, oder ihr sollt übermorgen löschen. Da erfuhr man also die neuesten Sachen." [8]

Ruhrort ist ihr Heimathafen. Ihn fahren sie mehrmals im Monat an. „Man hat sich gefreut, wenn man hier herkam, ist ja klar. Abends trafen wir uns dann mit Kollegen, wir wussten ja, in welchen Kneipen die sich aufhielten. Das war eine schöne Sache." [8]

VERBORGENES HAFENLEBEN IN RUHRORT

Wenn es Abend wurde, verwandelte sich das Hafenviertel. Das Ruhrorter Nachtleben dieser Zeit war legendär. Ein Anziehungspunkt für Schiffer von Basel bis Rotterdam. „Wenn die mit ihren Schiffen hier ankamen, gingen die zuerst in ihre Poststation und danach zu ihrer Kneipe. Dort haben sie dann einen oder zwei getrunken, manchmal auch mehr, und sind dann erst am nächsten Tag ins Schifffahrtskontor gegangen und haben gesagt: Ja, hier bin ich nun." [6]

In den 1960er Jahren hatte Ruhrort mehr als einhundert Hafenkneipen. Namen wie „Schipperhuis", „Tante Olga" oder „Zum Anker" sind den Ruhrortern bis heute ein Begriff. „Und diese Kneipen hatten alle hinten noch mal einen Nebenraum. Da spielten sich die weniger jugendfreien Szenen ab. Und so war Ruhrort überall bestückt." [2] Hier wurde auch so manches nicht ganz legales Geschäft abgeschlossen.

„Da ging es manchmal ziemlich rund in der Altstadt. Meine Mutter wollte nicht, dass ich als Kind in die Altstadt gehe. Aber ich hatte ja auch Schulkollegen, die in der Altstadt wohnten, die mussten ja auch mal besucht werden." [6]

Wirtschaft „Reinders" in der Altstadt, um 1905

Nach der Sperrstunde begann in Ruhrort das verborgene, echte Hafenleben.

Mario Adams

„Ich kann mich noch gut erinnern, als ich 1969/1970 meinen Polizeidienst anfing. Ich ging nachts um 2 Uhr mit einem Hauptmeister Fußstreife in Ruhrort. Irgendwann sagte ich zu ihm: ‚Was wollen wir hier eigentlich? Hier ist ja überhaupt nichts los!' ‚Was', entgegnete er, ‚Jung, hier ist nichts los?' Neben uns war ein Haus mit geschlossenen roten Blendläden, es war kein Licht zu sehen, gar nichts. Der Hauptmeister schlug vor die Blendläden, die Tür flog auf, und auf einmal hörte man ein lautes Gejohle. ‚Kommt rein', hieß es. Und dann ging es zur Sache! Das war Ruhrort. Man hat sich abends oder nachts geprügelt, und morgens hat man sich gegenseitig dafür entschuldigt." [2]

Als die Ruhrorter Altstadt ab Mitte der 1960er Jahre nach und nach abgerissen wurde, verlagerte sich das Vergnügungsviertel in die anderen Stadtteile Duisburgs. „Das ist alles etwas ruhiger geworden, auch die, die es erlebt haben, sind etwas ruhiger geworden, aber dennoch sind wir der Schifffahrt sehr verbunden." [2]

Eine ganz andere Gefahr gefährdete den Hafen in den 1960er Jahren. Der Hafen drohte leer zu laufen. Die Ursache: Der benachbarte Rhein grub sich immer tiefer ins Flussbett, der Wasserspiegel im Fluss sank und damit auch im Hafen. Bald würde er für viele Schiffe nicht mehr befahrbar sein. Es reichte nicht mehr aus, die Hafenbecken einfach weiter auszubaggern. Die Hafenverwaltung musste handeln und beschloss ein einzigartiges, aber riskantes Experiment. Die Lösung schien 500 Meter unter dem Hafengrund liegen. Hier gab es noch riesige unangetastete Kohlevorkommen. „Man hat unter einige Hafenbecken Stollen getrieben, um dort vorhandene Kohlenflöze abzubauen, und danach diese Stollen ‚harmonisch' zum Einsturz gebracht, um so die Hafenbecken tiefer zu legen." [4]

Mehr als zehn Jahre dauerte diese Absenkung. Lange Zeit blieb unklar, ob das Vorhaben erfolgreich sein würde. Damit der Hafen schiffbar blieb, musste der Hafenboden bis zu zweieinhalb Meter tiefer gelegt werden. Immer wieder sackten auch Teile der Hafenwand ab, Schienen am Ufer wölbten sich, Rohrleitungen brachen. Doch am Ende gelang das Experiment – der Hafen war gerettet.

Mittlerweile aber hatten die Schiffer neue Sorgen: Der Konkurrenzdruck untereinander wuchs ständig. Nur ein fahrendes Schiff bringt Geld – die Liegezeiten wurden im Hafen immer kürzer. „Für die nächste Reise musste Gasöl und Trinkwasser gebunkert werden. Und schließlich mussten in der Zeit auch die Einkäufe erledigt werden." [8]

Wer keine Zeit für Einkäufe an Land hatte, für den gab es die Proviantboote – schwimmende Lebensmittelläden zum Einkaufen direkt von Schiff zu Schiff. Bis in die 1980er Jahre arbeiteten sie im Duisburger Hafen. Dann wurde die Konkurrenz durch die preiswerten Supermärkte im Ort zu groß, und das Geschäft lohnte sich nicht mehr.

Anders als die Asbecks waren die meisten Schiffer alleine ohne ihre Familie unterwegs. Ein einsames Leben. Um sie kümmerte sich die Seemannsmission. Bis heute sind fast täglich Schifferseelsorger im Duisburger Hafen unterwegs. Viele Schiffsleute waren wochenlang nicht zu Hause, fühlten sich sozial isoliert. „Heimweh war immer ein Thema. Es tat den meisten gut, mal darüber zu reden, wie traurig man ist, und dass man seine Frau und seine Kinder vermisst. Dass man zur Einschulung des Kindes nicht da war. Es ist schon passiert, dass ich die erste war, die das neugeborene Baby gesehen hatte. Oder dass ein Seemann ist Opa geworden war und mir ganz stolz ein Foto zeigte: Guck mal, das ist mein Baby und mein Enkelkind, und ich bin gar nicht da." [9] Die Seelsorge war ein wichtiger Halt für die Schiffer. Die Arbeit auf dem Binnenschiff war ein Knochenjob und man konnte keine Sekunde abschalten.

Bis in die späten 1970er Jahre hatten die meisten Schiffe noch kein Radarsystem an Bord. Mehrmals im Jahr mussten Schiffe geborgen werden, die bei Nebel oder Dunkelheit die Hafeneinfahrt verfehlt hatten.

Und immer wieder wurden die Hafenbecken dazu genutzt, Dinge verschwinden zu lassen. Taucher holten oft Erstaunliches aus der Versenkung. Dabei gab der Hafenschlamm auch grausige Funde preis. „Es gab auch schon mal Leichenfunde, Leichenteilfunde. Damit war die Wasserschutzpolizei sehr oft konfrontiert. Manchmal waren die Funde ein paar Mal durch die Schleuse mitgezogen worden, wir haben also Kollegen gehabt, die mussten unter Deck gehen, für die war der Tag erledigt." [2]

Ein Binnenschifferleben: Heiner und Ursula Asbeck waren von Ruhrort aus europaweit unterwegs.

DER KLUGE WAL

Doch auf das, was im Mai 1966 direkt vor dem Hafen passierte, war niemand vorbereitet. Ein weißer Beluga-Wal sei gesichtet worden, erzählten sich die Schiffer. Der Direktor des Duisburger Zoos arbeitete mit der Feuerwehr und der Wasserschutzpolizei zusammen. Er wollte den Wal für sein Delphinarium fangen, das kurz zuvor gebaut worden war. „Das war hier natürlich eine große Geschichte, als der weiße Wal hier erschien. War auch eine schöne Werbung für Ruhrort. Und für Duisburg." [6]

Die Waljagd wurde zum Medienereignis. Eine große Boulevardzeitung schickte sogar einen Zeppelin nach Duisburg. Die Suchmannschaften versuchten, den Wal in den Hafen zu treiben. Doch er entwischte in den Rhein. Der Wal schwamm weiter bis nach Bonn, drehte dort um und verschwand nach vier Wochen wieder in der Nordsee.

Die Geschichte vom weißen Wal bedeutete für die Duisburger nur eine kurze Ablenkung. Das Ruhrgebiet litt unter billiger Importkohle, immer weniger eigene Kohle wurde im Duisburger Hafen verladen.

Und auch der Innenhafen kämpfte um sein Überleben. Immer mehr Getreide wurde nun über die Straße transportiert und nicht mehr per Schiff. Der Innenhafen fungierte nicht mehr länger der Brotkorb des Ruhrgebiets. Zu dieser Zeit war die Küppersmühle eine der letzten betriebenen Mühlen – in einer Umgebung, die nach und nach verfiel.

Hier lebte und arbeitete Erwin Sichmann. Sein Sohn wuchs zwischen den Speichergebäuden auf.

> „Die Besonderheit dieses Ortes lag darin, dass er so geheim und abgelegen war, abgeschnitten von der eigentlichen Stadt Duisburg. Hier ging man früher nicht hin. Hier war die Zeit stehen geblieben, und die Bäume wuchsen aus den alten Mauerwerken raus. Die wenigen Leute, die hier wohnten, schämten sich, weil alles so verfallen war. Und dennoch, wenn meine Schulfreunde zu mir nach Hause kamen und ganz erstaunt fragten: ‚Hier kann man wohnen?‘, dann habe ich mit stolz geschwellter Brust gesagt: Ja, hier kann man wohnen!' " [10]

Die Getreidemengen lockten Ratten, Mäuse und vor allem scharenweise Tauben an. „Man hat damals versucht, dieser Menge an Tauben Herr zu werden, indem man Klebstoff entlang der Mauern und Dachrinnen geklebt hat. Die Tauben sind an diesem Klebstoff hängengeblieben und dann jämmerlich bei lebendigem Leib verendet, das war natürlich auch als Kind nicht schön mit anzusehen." [10]

Als 1989 auch die Küppersmühle geschlossen wurde, endete ein Kapitel der Duisburger Hafengeschichte. Heute ist in der Küppersmühle ein Museum für moderne Kunst untergebracht. Der komplette Innenhafen hat sich zum Szeneviertel gewandelt.

SCHMUGGEL UND BLINDE PASSAGIERE

Nebenan erlebte der Ruhrorter Hafen nach der Krise durch den Rückgang der Schwerindustrie Anfang der 1980er Jahre einen Aufschwung: Die Zeit der Containerschiffe brach an. Damit kamen nun auch ganz andere Waren nach Duisburg: Lebensmittel, Möbel und Elektronik. Diese brachten jedoch neue Probleme: Nachts zog der Hafen Kriminelle an. „In den Container-Terminals gab es keinen Zaun und kein Bewachungspersonal, und wenn Personal extern angefordert wurde, wussten die genau: Der kommt nur alle drei Stunden, wir haben Zeit. Irgendwie wussten die auch, wo welche Container lagerten. Da wurden nicht nur einzelne Container gezielt aufgebrochen und leer geräumt, teilweise wurden ganze Container aufgeladen und sogar ganze Züge abtransportiert." [2]

2001 wurden vier Container mit geschmuggelten Zigaretten entdeckt. Wenige Jahre später ging den Fahndern ein Container mit versteckten Cannabisprodukten in die Fänge. Doch der spektakulärste Fall sorgte Anfang der 1990er Jahre für Aufregung. „Zu diesem Zeitpunkt war ich hier bei der Wasserschutzpolizei Duisburg-Ruhrort tätig. Dort bekamen wir einen Anruf, dass man auf einem Küstenmotorschiff, das aus Afrika gekommen war, um hier in Ruhrort seine Container-Ladung zu löschen, Stimmen gehört hätte, also offensichtlich unliebsame Passagiere an Bord wären. Wir führen mit einem Streifenboot dorthin und entdeckten in einem Container Menschen, die offensichtlich aus Afrika kamen. Das habe ich noch sehr intensiv in Erinnerung, mir kam es wie eine ganze Menschenmenge vor, obwohl sie nur zu fünft waren. Sie wirkten sehr apathisch, absolut fertig. Immerhin ist die Strecke durch die Biscaya ja auch sehr unruhig ist, und da kann es manchmal ganz schön zugehen in so einem Container. So etwas hatten wir vorher noch nicht erlebt, und zum Glück blieb das ein Einzelfall. Damals war von Lampedusa und dergleichen noch nie die Rede gewesen." [2]

Im neuen Jahrtausend wurden die Sicherheitsvorkehrungen verschärft. Besonders nach den Terroranschlägen vom 11. September 2001 waren viele Terminals nur noch mit scharfen Kontrollen erreichbar. Längst ist der Duisburger Hafen zu einem modernen Dienstleistungszentrum geworden. Rund 300 Transport- und Logistikunternehmen haben hier ihren Sitz. Pro Stunde können 20 Container vom Schiff geschafft werden. Manche Schiffe haben aber 200 an Bord. Das heißt zehn Stunden Arbeit. „Wenn wir die Schiffe den Rhein rauf und runterfahren sehen, dann wirkt das alles ziemlich entschleunigt, und man meint, das wäre eine romantische Welt. Aber sobald die Schiffe im Hafen festgemacht haben und der erste Kran loslegt, merkt man, dass auch die Binnenschiffer und Seeleute immer mehr unter Zeitdruck stehen. Das ist ein enormer Stress, der dann stattfindet." [9]

Jedes Schiff, das in den Hafen hinein oder aus ihm hinaus fährt, muss am Pegelhaus vorbei. Und der Hafenmeister hat sie alle im Blick. „Die modernen Schiffe senden ein GPS-Signal aus. Dieses Signal wird bei uns gesammelt und auf einer Google-Karte mehr oder weniger gespiegelt. So sehen wir im Livebild jedes Fahrzeug in unserem Gebiet, das sich bewegt, und wir können wirklich Meter für Meter nachvollziehen, wo sich die Schiffe bewegt haben." [3]

Doch die totale Kontrolle der riesigen Hafenanlagen ist auch im Computerzeitalter nicht möglich. Im Juli 2009 entdeckte der Hafenmeister ein Küstenmo-

Der Duisburger Innenhafen ist zu einem beliebten und belebten Stadtquartier geworden.

torschiff, das schon seit Tagen nahezu unbemerkt im Hafen lag. Erst mit der Hilfe von Dolmetschern gelang es, sich mit der russischen Mannschaft zu verständigen. „So peu à peu kam heraus, dass sie seit vier Monaten keine Heuer mehr bekommen und nichts mehr zu essen hatten. Sie hatten sogar schon Hafenwasser getrunken, weil es auch nichts zu trinken gab." [2]

Das Schiff wurde zum Hafenmeisterhaus geschleppt. „Dort ist die Besatzung erst mal mit Wasser versorgt und das Schiff an den Strom angeschlossen worden, damit sie sich mal wieder waschen konnten. Und vor allem haben sie eine Leitung im Hafenmeisterhaus bekommen, um ihre Familien einmal zu kontaktieren, die schon Wochen und Monate nichts mehr von Ihnen gehört hatte." [2]

Die Mannschaft war dennoch verzweifelt. Das Schiff war fahruntauglich, der Reeder pleite. Die Ruhrorter erfuhren vom Schicksal der russischen Besatzung. Und spendeten. „Da sind so viele Sachen abgeliefert worden, dass wir den Spendenaufruf stoppen mussten." [2] Vertreter des Ruhrorter Bürgervereins erreichten, dass der Reeder zwei Monaten später endlich für die Heimreise der Mannschaft bezahlte. „Das war wunderbar, wie Menschen zusammenarbeiten und unbürokratisch helfen können." [2]

Um den ständig wachsenden Containerverkehr zu bewältigen und damit seine Zukunft zu sichern, musste der Hafen expandieren. Auf dem Gelände des ehemaligen Krupp-Stahlwerks in Rheinhausen wurde der „logport" eröffnet – die größte vollautomatisierte Containerverladeanlage in einem europäischen Binnenhafen. Seit 2012 fährt von dort aus sogar ein Direktzug nach China. Die Anbindung an fünf Autobahnen macht den Hafen zur logistischen Drehscheibe Europas.

Und der kleine Bruder – der Duisburger Innenhafen? Hier ist rund um die alten Getreidespeicher ein neues, modernes Hafenviertel entstanden: jung, chic, angesagt. Ganz anders als die alten Hafenkneipen. Einen Rest von alter Hafenromantik findet man höchstens noch im benachbarten Ruhrorter Hafen – wenn die Sonne untergegangen ist.

„Mein Lieblingsplatz ist die Stelle am Hafenmund – das ist so ein Punkt der Ruhe, wo ich mal nachdenken oder einfach die Schiffe beobachten kann. Ich kenne die Schiffe oder habe die zumindest schon mal gesehen, ich kenne die Leute, die darauf fahren … Das Ganze ist ja wie eine große Familie, und es ist einfach schön, hier zu sein." [1]

Quellen:
1 Svenja Bade, auszubildende Binnenschifferin
2 Mario Adams, Stellvertretender Leiter der Duisburger Hafenbehörde
3 Detlef Bours, Hafenmeister
4 Astrid Hochrebe, Hafenhistorikerin
5 Manfred Tietz, Historiker
6 Karl Scherf, wohnt in Ruhrort
7 Heiner Asbeck, Binnenschiffer
8 Ursula Asbeck, Binnenschifferin
9 Gitta Samko, Schiffseelsorgerin
10 Frank Sichmann, wuchs im Umfeld des Duisburger Innenhafens auf

KANZLERBUNGALOW

KANZLERBUNGALOW

Ein unscheinbarer Bau im Bonner Regierungsviertel. Verborgen zwischen Bäumen. Das Wohnzimmer der Mächtigen. Im Kanzlerbungalow wurde deutsche Geschichte geschrieben – von Ludwig Erhardt bis Helmut Kohl. An diesem Ort trafen sich die Kanzler mit ihren engsten Vertrauten. Was hier besprochen wurde, war nicht für fremde Ohren bestimmt. Zutritt hatten nur wenige. Und nur wenig drang hinaus – von den Geheimnissen der Regierenden.

Am 12. Juni 1989 waren der sowjetische Generalsekretär Michael Gorbatschow und seine Frau Raissa zum Staatsbesuch in Bonn. Bundeskanzler Helmut Kohl bat zum Abendessen in den Kanzlerbungalow. Ein entscheidender Abend für die Geschichte des zweigeteilten Landes.

Friedhelm Ost

„Helmut Kohl hat Michael Gorbatschow dann hier auf der Terrasse des Bungalows klar gemacht: Wenn die Deutschen und die Russen zusammenarbeiten, könnte das in ein friedliches Miteinander führen. Gorbatschow fühlte sich sehr geehrt. Auch Raissa war dabei, seine Frau. Auch Hannelore Kohl war dabei. Das war schon privat, intim, aber doch auch hochpolitisch.“ [1]

Hier im Park am Rhein nutzte Kohl die Gelegenheit, mit Gorbatschow zum ersten Mal über die deutsche Einheit zu sprechen. Der einst von Ludwig Erhard in Auftrag gegebene Bau war wie geschaffen für solche vertraulichen Gespräche.

„Ich bin ganz sicher, der Erhard hat gar nicht gewusst, was er mit seiner engen Sparsamkeit der Architektur für ein Juwel geschaffen hat im Interesse des Staates.“ [2]

DAS WOHNZIMMER
DER GROSSEN POLITIK

Koalitionsgespräche im Kanzlerbungalow (Dezember 1972), v.l.n.r.: Wolfgang Mischnick, stellvertretender FDP-Parteivorsitzender, Walter Scheel, FDP-Parteivorsitzender, Willy Brandt, SPD-Parteivorsitzender, und Herbert Wehner, stellvertretender SPD-Parteivorsitzender

Der Kanzlerbungalow aus der Vogelperspektive

Das Wohnzimmer im öffentlichen Trakt

Der Eingangsbereich des Bungalows

Das Arbeitszimmer des Kanzlers

Ludwig Erhard in seinem Haus am Tegernsee

Als Ludwig Erhard 1963 zum Nachfolger von Konrad Adenauer gewählt wurde, mangelte es in der provisorischen Hauptstadt an repräsentativen Gebäuden. Auch an einem Wohnhaus für den neuen Kanzler, möglichst nahe an seinem Büro im Kanzleramt.

Konrad Adenauer lebte in Rhöndorf und pendelte jeden Tag zur Arbeit nach Bonn. Sein Nachfolger wohnte zur Miete am Venusberg. Das Haus war zu klein für einen Bundeskanzler und seine Repräsentationspflichten. Und ließ sich nicht ausreichend sichern. „Man hat verschiedene Varianten geprüft, ein Grundstück hier in Bonn anzukaufen, wo ein entsprechendes Haus gebaut wird, und ist dann aus Kostengründen auf den Gedanken gekommen, einen Bungalow auf dem Gelände des Palais Schaumburg, dem Kanzleramt, zu bauen." [3]

In einem Landschaftsschutzgebiet, direkt am Rhein, sollte das neue Haus gebaut werden. Hier gab es genügend Platz. Und durch die direkte Nachbarschaft zum Palais Schaumburg war das Gelände auch gut gesichert.

Ludwig Erhardt hatte eine genaue Vorstellung: Sein neuer Wohnsitz in Bonn sollte aussehen wie sein Haus daheim am Tegernsee. „Erhard hatte ja mit dem Architekten Sep Ruf, der damals einen großen Ruf hatte und nicht nur so hieß, schon ein Haus am Tegernsee gebaut. Von Anfang an war klar: Es muss zweckmäßig sein, einfach sein, eine Wohnung für den Kanzler beinhalten und gewisse Repräsentationsräume für besondere Anlässe. Ludwig Erhard war sehr bescheiden. Auch als Wirtschaftsminister hat er ja immer gepredigt, dass die Deutschen Maß halten sollten." [1]

Modell des Privatbereichs im Kanzlerbungalow

WOHNEN FÜR DEUTSCHLAND

So wurde der Bau für Erhard zur Herzensangelegenheit. Sein Haus sollte den Geist der neuen Zeit spiegeln: Offenheit, Transparenz und Bescheidenheit. Das Gegenteil vom (Berliner) Pathos und Prunk der Nationalsozialisten. Ein Bau fast nur aus Glas und Stahl – zwei ineinander verschachtelte Atriumhäuser, das größere für die Amtspflichten, das kleinere als Wohnhaus.

Doch schon im Vorfeld, bevor nur ein Stein auf dem anderen lag, hagelte es Kritik. „Durch eine – wie es in den Akten heißt – Verwaltungspanne ist der Haushaltsausschuss etwas später, nämlich erst nach Baubeginn, informiert worden. Und das war dann auch eine ideale Vorlage für die Presse, um das entsprechend zu kommentieren. Und das war sicherlich auch ein Grund, warum sich zunächst sehr viele Geheimnisse um diesen Bau rankten." [3]

Zu teuer, zu luxuriös. Vor allem der geplante Pool wurde zum Stein des Anstoßes. Wie sich später herausstellte, war er nicht viel größer als ein Planschbecken.

Der Kanzlerbungalow beim Richtfest (Bild o.) und nach der Fertigstellung

Die Baukosten wurden nun von 2,3 Mio. auf 1,9 Millionen Mark eingedampft. Vor allem im privaten Bereich wurde gestrichen, aber auch der Atombunker fiel dem Rotstift zum Opfer. Doch die Presse fuhr immer neue Angriffe. Erhardt war verärgert und lud die Journalisten kurzerhand vom Richtfest wieder aus.

Der Pool im Privatbereich

Ludwig Erhard betonte nach der Fertigstellung: „Hier sind alle Voraussetzungen gegeben, um fruchtbar zu arbeiten. Und selbstverständlich ist es mein redlicher Wille und mein Wunsch, in diesem Haus recht lange zu bleiben."

Kein Pomp, kein Gold, kein Zierrat. Man staunte über die Schlichtheit von Architektur und Einrichtung. Der repräsentative Teil des Bungalows war klassisch modern eingerichtet – inspiriert aus Amerika. Je nach Anlass ließen sich bewegliche Wände herunterfahren, um die Räume zu unterteilen. Die „menschliche Begegnung" sollte im Vordergrund stehen. „Das war bescheidene Modernität, Zweckmäßigkeit, typisch Bundesrepublik, typisch geteiltes Land, typisch Erhard." [2]

> *„Es hatte etwas Demonstratives.*
> *Er hat sozusagen für Deutschland gewohnt." [4]*

„Sie lernen mich besser kennen, wenn Sie dieses Haus ansehen, als wenn Sie mich etwa eine politische Rede halten sehen", erklärte Erhard den staunenden Besuchern.

Die neue Bescheidenheit machte auch vor der Küche nicht halt. Hausdame Elisabeth Leutheusser von Quistorp, die von Anfang an mit im Bungalow lebte – acht Jahre lang in unmittelbarer Nähe zu drei Bundeskanzlern und deren Ehefrauen – erinnert sich: „In den Schränke gab es noch die alten Mokkatassen, die habe ich verwandt mit dem Bundesadler drauf."

Gastlichkeit, Bescheidenheit und Volksnähe: Elisabeth Leutheusser von Quistorp mit Bundeskanzler Ludwig Erhard (r.) und seiner Frau Luise (u.l.). An Erhards 69. Geburtstag wurde sogar den Schonsteinfegern Sekt serviert.

Hier nutzte Erhardt die private Atmosphäre, um Beziehungen zu knüpfen. Auch ausgewählte Journalisten wurden in das „Wohnzimmer der Macht" eingeladen. „Es verging eigentlich kein Tag, wo nicht irgendjemand hier war zu Gesprächen, zu kleinen Essen, zu Begegnungen, das war das Schöne. Es war eine unheimliche Vielfalt hier im Hause." [5]

„Da gab es eine Szene in dem so genannten Musikzimmer, an die ich mich ganz gut erinnere. Er kramte eine Platte hervor, von der so genannten ,Battle hymn of the republic': ,Glory, glory Halleluja', legt die auf, dreht die Anlage voll auf. Wobei ich im Nachhinein erst erfahren habe, dass er bei ,Glory, glory Hallelujah' immer an ,Lore, Lore, Lore – schön sind die Mädchen mit 17, 18 Jahren' gedacht hat." [4]

Ein Soldatenlied aus dem Zweiten Weltkrieg, ein bisschen Nippes und ein Volks-Kanzler, der, in einem Park versteckt, eine neue Zeit vorlebte. Ein Haus voller Widersprüche. Weit weg von einem normalen Alltag.

Elisabeth Leutheus-
ser von Quistorp

„Man war hier ja ständig unter Kontrolle, wenn Sie so wollen, unter Beobachtung. Da gab es den Bundesgrenzschutz, der durch den Park lief und alles bewachte. Es waren Kripobeamte da. Es kam ja keiner rein in das Gelände. Es war von daher gar nicht gegeben, dass man wie ein Normaler leben konnte." [5]

Auf der internationalen Bühne war die Kubakrise gerade überstanden. Sie hatte die Welt an den Rand des Krieges gebracht. Aber jetzt rüstete die Sowjetunion auf – gegen eine vermeintliche atomare Übermacht der USA und der Nato. Die Angst vor einem Atomkrieg wuchs. Und im Bonner Kanzlerbungalow?

Elisabeth Leutheusser von Quistorp erinnert sich an ein kurioses Provisorium: „An einem verlängerten Blumenbeet gab es den Notausstieg von dem sogenannten Bunker im Bungalow – der aber weder fertiggestellt wurde, noch war das irgendwann mal ausprobiert worden. Und deshalb weiß auch niemand, wo man raus kommt, oder wie das funktioniert hätte."

Für Ludwig Erhard jedoch drohte die Gefahr von innen. Die CDU verlor bei Landtagswahlen und die FDP Minister ließen die Koalition platzen.

„Als Ludwig Erhard von der eigenen Partei zum Rücktritt gedrängt worden war, nahm Helmut Kohl als junger Ministerpräsident bei einem abendlichen Gespräch teil. Eine Sitzung des CDU-Präsidiums, bei der Erhard dann auch im internen Kreis gesagt hat: Ich höre auf. Helmut Kohl hat öfter erzählt, dass er dann der einzige gewesen ist, der sitzen geblieben ist. Alle anderen sind gegangen. Die beiden haben dann wohl einfach stumm beieinander gesessen. Kohl wollte Erhard in dieser Situation der persönlichen Niederlage nicht alleine lassen." [6]

Ludwig Erhard musste aus seinem Kanzlerbungalow ausziehen. Keiner seiner Nachfolger hat sich hier so wohl gefühlt wie er.

FLACHDACH MIT HÄKELDECKCHEN

Kurt Georg Kiesinger konnte dem Bau nichts abgewinnen: Er fand ihn nicht repräsentativ genug. „Er wird ja auch zitiert, dass er sich beklagt hat, dass er zuhause in Stuttgart-Bebenhausen, wo er herkommt, ein Schloss hätte, und hier müsse er in eine solche Architektur hineingehen." [7]

Innenarchitektin Herta Witzemann musste es richten. Sie ließ Wände einreißen, Decken streichen und Raufaser kleben. Vor allem gemütlich sollte es nun

Schwäbische Gemütlichkeit: das neu gestaltete Wohnzimmer der Kiesingers

Marie Luise Kiesinger in der
Küche des Kanzlerbungalows

werden. Und so zogen mit den Kiesingers schwere Stilmöbel, Antiquitäten und Häkeldeckchen ein.

Wieder spaltete der Bungalow die Gemüter. Jetzt nicht mehr, weil er zu modern ist, sondern wegen der neuen Spießigkeit.

Draußen vor der Tür formierte sich währenddessen der Widerstand gegen die Politik der großen Koalition. Die APO demonstrierte gegen den Kanzler und den vermeintlichen Verrat der SPD. Im Bungalow traf sich Kiesinger mit seinen Beratern zu Gesprächen über die Lage der Nation: Studentenunruhen und Wettrüsten. Und es stellte sich die Frage, ob all das, was hier vertraulich besprochen wurde, auch vertraulich blieb.

„Man muss sich vorstellen: Es herrschte der Kalte Krieg und die Gefahr des Abhörens war sehr groß. Man konnte via Richtmikrofon von der anderen Rheinseite, von Beuel rüber, die Gespräche verfolgen, deshalb musste ich immer die Vorhänge zuziehen." [5] Praktischer Abhörschutz im Alltag. Aber zu besonderen Gelegenheiten gab es auch effektivere Hilfsmittel: „Wenn zum Beispiel der amerikanische Präsident kam, wurde hier im Bungalow alles auseinandergenommen, nachgeschaut, geguckt. Ist was drin, war was. Man hat ja nicht jeden im Blickfeld. Die Uhren wurden auseinander genommen vom FBI. Es wurde wirklich alles überprüft." [5]

Eine hermetisch geschlossene Welt, in der ein ganz normales Leben kaum möglich war. Auch Marie-Luise Kiesinger fühlte sich im Bungalow nicht wohl. Die nötigen Repräsentationspflichten nahmen sie und ihr Mann in Bonn wahr, aber am Wochenende und in den Ferien fuhren sie nach Hause – auf die schwäbische Alb.

Hoher Besuch: Bundeskanzler Kurt Georg Kiesinger und seine Frau Marie Luise im Gespräch mit dem amerikanischen Präsidenten Richard Nixon

Bei der Bundestagswahl 1969 wurde die Union stärkste Kraft. Aber es war noch keineswegs entschieden, ob es zu einer Regierungsmehrheit reichen würde. Denn Willy Brandts SPD lag knapp dahinter – und eine Koalition mit der FDP war möglich. Und Kiesinger? „Kiesinger hat während dieser Zeit im Bungalow gefeiert. Er hat Glückwünsche von Richard Nixon zu seinem Wahlsieg bekommen. Der hat verfrüht gratuliert, weil in Washington angenommen wurde, dass Kiesinger bleibt Kanzler. Als Brandt das später erfuhr, hat er gesagt: Das schadet ja gar nichts, wenn die Supermacht mal ein bisschen Schuldgefühle hat oder sich entschuldigen muss." [2]

Schließlich siegte die Koalition aus SPD und FDP.

MONDÄN UND PROMINENT

Mit Willy Brandt und seinem Kabinett zog ein neuer Geist in das kleine Bonn ein. Es war das Ende des Nachkriegsmuffs und der zugehörigen Politik. Ein moderner junger Kanzler, der sich viel vorgenommen hatte – wie geschaffen für eine moderne Dienstwohnung. Doch Brandt wollte lieber in seiner Außenminister-Dienstvilla am Venusberg wohnen bleiben.

„Er fühlte sich dort oben wohl. Und ich denke, auch die Kinder hatten ihre Spielkameraden dort, denn Kinder, die hier in einem so extrem unter Sicherheitsvorkehrungen stehenden Haus wohnen, das ist nicht schön." [5] Doch so einfach

Bundeskanzler Willy Brandt zog nicht in den Kanzlerbungalow, sondern wohnte mit seiner Ehefrau Rut und den Kindern weiterhin auf den Venusberg.

Bundeskanzler Willy Brandt (2.v.l.) im Gespräch mit den Filmschauspielerinnen Romy Schneider (r. neben ihm) und Maria Schell (r. neben Schneider) bei einem Empfang im Kanzlerbungalow. 2.v.r.: Schauspieler Curd Jürgens, r.: Filmproduzent Artur Brauner, Juni 1971

konnte der Kanzler den Einzug in die neue Dienstwohnung nicht verweigern. „Er musste eine amtsärztliche Bescheinigung vorlegen, dass er das Klima direkt am Rhein nicht verträgt."[7] Willy Brandt blieb mit seiner Familie am Venusberg wohnen und nutzte den Kanzlerbungalow fortan als Repräsentations- und Gästehaus der Bundesrepublik. Der junge Kanzler bat die Prominenz zu Tisch.

Nicht nur die Politik tagte und feierte im Bungalow, sondern alles, was Rang und Namen im öffentlichen Leben hat: Künstler, Wissenschaftler und Sportler. Im hinteren Teil des Hauses gab es eine Wirtschaftsküche, um die Gäste zu verköstigen. „Die große Küche, da waren dann die Köche vom Königshof, die brachten ja schon vorgefertigt das ganze Essen mit, dem hier dann noch der letzte Pfiff gegeben wurde. Das waren ganz normale Essen gewesen. Man würde heute sagen: eine gute bürgerliche Hausmannskost."[5]

Willy Brandt und seine Frau Rut mit dem belgischen König Baudouin und Königin Fabiola, 1971

Willy Brandt (r.) und der japanische Kaiser Hirohito (l.) bei einem Spaziergang im Park, Oktober 1971

Keine Spur mehr von Kiesingers Häkeldeckchen-Gemütlichkeit. Man gab sich mondän – trotz Hausmannskost. Und ließ sich auch bei den Getränken nicht lumpen.

> *„Bei den Kanzlerfesten habe ich die Versenkwand halb hochgefahren und als Tresen missbraucht. Hinter dem Tresen verschwanden die vielen leeren Flaschen. Manch einer, der dahinter schaute, sah dann, was so alles verkonsumiert worden war."* [5]

Kurz nach der Wahl besuchten die ersten Staatsgäste den neuen Kanzler. Die Übernachtungsmöglichkeiten wurden knapp, auch der private Teil des Bungalows wurde zum Gästehaus umfunktioniert.

1971 reisten der belgische König Baudouin und seine Gattin Fabiola an. Es folgten Königin Juliane und Kaiser Hirohito. Im Vergleich zu anderen Gästehäusern für Staats- und Regierungschefs wirkte der Bonner Bungalow allerdings wie eine bescheidene Notunterkunft. Bei manch einem Besucher sorgte er für Erstaunen. „Ich habe einmal den Präsidenten von Niger, dem der Kanzler ein Essen gegeben hat im Palais Schaumburg, hierher begleitet. Wir gingen durch den Park auf den Bungalow zu, und der Präsident sagte, ob ich denn noch den Schlüssel beim Hausmeister holen müsste. Und Gott sei Dank ging dann die Tür auf und Helmut Kohl begrüßte ihn freundlich. Aber der Präsident von Niger – einem Land, dem wir großzügig Entwicklungshilfe geben hatten – war völlig erstaunt. Aber es wirkte ganz gut. Es war die deutsche Bescheidenheit." [1]

Große Runde im Kanzlerbungalow am 19. Mai 1973: Bundeskanzler Willy Brandt (M.r., im Gespräch mit Walter Scheel, Bundesminister des Auswärtigen) empfing Leonid Breschnew (M.l.), Generalsekretär der KPdSU. Egon Bahr (2.v.l.), Staatssekretär im Bundeskanzleramt, tauscht sich mit Valentin Falin, Botschafter der UdSSR, aus.

Ganz so viel Bescheidenheit wollte man dem sowjetischen Generalsekretär Leonid Breschnew im Mai 1973 nicht zumuten. Der Bungalow war zu klein, denn Breschnew reiste mit einem großen Gefolge an. Für 300.000 Euro sanierte man eine Suite im eigentlich geschlossenen Hotel auf dem Petersberg für ihn.

Der Besuch von Leonid Breschnew war ein historischer Tag für die Ost-West-Beziehungen. Und ein Erfolg für Willy Brandts Ostpolitik. „Breschnew ist zum ersten Mal im westlichen Ausland gewesen und hat sich gefreut, dass er mit einem deutschen Hubschrauber fliegen sollte. Und ist auch geflogen, und hat geguckt, und war tief beeindruckt von diesen Deutschen. Alles ist asphaltiert. Alles ist genau überschaubar, grün, kultiviert. Jedenfalls war das für ihn unvergesslich." [2]

So positiv eingestimmt, bot Breschnew eine intensive wirtschaftliche Zusammenarbeit an. Nach den offiziellen Treffen wurden die Gespräche abends im Bungalow fortgesetzt. Die Begegnung der beiden Regierungschefs war von langer Hand vorbereitet worden. Schon seit 1969 gab es einen geheimen Draht nach Moskau. „Wir hatten einen verdeckten Kanal nach dem Vorbild der USA. Gab es dort die Verbindung Weißes Haus – Kreml, so hatten wir den Draht Palais Schaumburg – Kreml. Der Kanal bedeutete: eine direkte Verbindung, vorbei an allen Ämtern, Ministern, Außenminister eingeschlossen. Direkt zu dem anderen Chef." [2]

Egon Bahr war der Kontaktmann zwischen dem sowjetischen Agenten und dem Kanzler. Sowohl in der Brandt-Ära als auch später in den Schmidt-Jahren fanden die Treffen im kleinen Arbeitszimmer des Kanzlerbungalows statt. Der ideale Ort für geheime Diplomatie. „Der Breschnew war begeistert, zum ersten Mal einen direkten Kontakt zu einem westlichen Staatsmann zu haben und über Informationen zu verfügen, die er nicht über seinen Außenminister bekam. Ich weiß nicht, ob er darüber begeistert war, aber jedenfalls war es nicht bestreitbar, dass auf der anderen Seite ein Sozialdemokrat saß. Also einer jener schlappen Menschen, die sich sogar weg wählen lassen." [2]

Aber es kam anders. Nur ein Jahr nach dem Breschnew-Besuch trat Brandt zurück. Auslöser war der enttarnte DDR-Spion Günter Guillaume, der von der Stasi mitten ins Machtzentrum der BRD geschleust worden war. Als Referent im Kanzleramt war Guillaume Brandt nicht von der Seite gewichen. Er kannte sowohl die geheimen Akten als auch die persönlichen Schwächen und Fehltritte des Kanzlers.

Ausgelassener Kick bei einer Gartenparty 1973: Willy Brandt mit Günter Guillaume (Mitte)

DIE KRISENZENTRALE

Mit dem neuen Kanzler Helmut Schmidt und seiner Frau Loki bekam der Bungalow wieder ständige Bewohner. Schmidt nutzte die neue Dienstwohnung aber auch intensiv für Arbeitstreffen. Auch die ersten Gespräche mit dem Koalitionspartner FDP fanden im Bungalow statt.

„Der Bungalow bot eine gewisse Abgeschiedenheit vom politischen Betrieb, die Koalitionsgespräche zum Beispiel fanden mittags statt. Da wurde auch etwas gegessen, sicher recht bescheiden. Wenn man hier eintraf und in den Bungalow kam, da war dann Loki Schmidt, die da ein bisschen gute Stimmung verbreitete unter den Teilnehmern, das war manchmal auch nötig." [8]

Die sachliche und eher nüchterne Atmosphäre im Haus gefiel den Schmidts. Anders als die Kiesingers schätzten sie die moderne Architektur samt Möbeln. Auf größere Umbauten verzichteten sie. Nur im Wirtschaftstrakt ließ Loki eine kleine Teeküche einbauen, um abends Kleinigkeiten kochen zu können.

Loki Schmidt liebte vor allem den Park und die Rheinnähe. Mit dem privaten Teil des Bungalows arrangierte sie sich, aber am Wochenende fuhren die Schmidts regelmäßig nach Hause in ihr Hamburger Reihenhaus. „Ich musste gelegentlich, als der Bundeskanzler mal krank war, ins Schlafzimmer und war eigentlich sehr überrascht, um nicht zu sagen entsetzt über die Enge in diesem Raum. Der ganze Zuschnitt des privaten Bereichs hätte ein bisschen großzügiger sein können." [8]

Und dann wurde der Kanzlerbungalow sogar zum Krisenzentrum. Am 27. Februar 1975 entführten Mitglieder der „Bewegung 2. Juni" den CDU-Vorsitzenden Peter Lorenz. Ihre Forderung lautete: Innerhalb von 72 Stunden sollten sechs Gefangene freigelassen werden. Zum ersten Mal tagte in Bonn der Krisenstab. Die Atmosphäre war aufgewühlt, denn es ging um die Frage: Darf sich der Staat von den Terroristen erpressen lassen? Die als politisches Lenkungsgremium fungierenden Spitzenpolitiker der Bundesrepublik kamen mehrfach im Kanzlerbungalow zusammen und diskutierten die Fragen bis tief in die Nacht. „Und es war völlig klar, dass Schmidt, wenn es nicht funktionieren würde, zurückgetreten wäre. Insofern waren das harte Stunden." [2]

Am Ende gab man den Terroristen nach: Die Gefangenen wurden ausgeflogen und Peter Lorenz blieb am Leben. Doch noch einmal wollte sich der Staat nicht erpressen lassen. Von nun an demonstrierte der Staat Härte: Kein Austausch von Gefangenen mehr. Keine Verhandlungen mit Terroristen Es folgte eine neue Welle der Gewalt. Stuttgart-Stammheim war inzwischen zum Hochsicherheitstrakt ausgebaut worden.

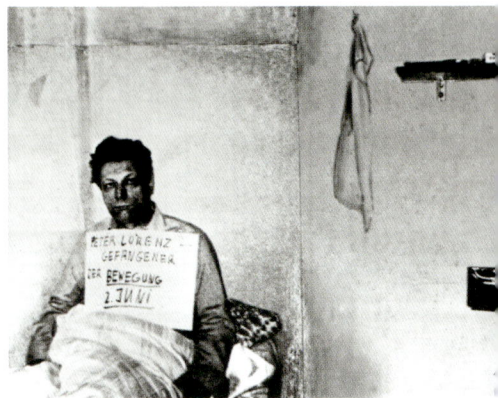

Der Krisenstab unter der Leitung von Bundeskanzler Helmut Schmidt berät nach der Entführung des CDU-Vorsitzenden Peter Lorenz (Bild r.) über sein Vorgehen.

Und der Kanzlerbungalow mit all seinen Glasfronten? Man stellte sich die Frage, ob der Kanzler und seine Frau hier überhaupt sicher genug waren. 1977 wurde auf der Terrasse eine schusssichere vierfache Panzerglanzwand gebaut – als Schutz vor einem Angriff von der anderen Rheinseite. Denn von dort aus wäre der Beschuss durchaus möglich gewesen.

„Als ich Chef des Presse- und Informationsamtes wurde, war in meinem Amtszimmer ein Riesentresor. Dann habe ich gesagt: Da muss doch einer einen Schlüssel haben, den haben sie dann auch nach einer Zeit gefunden. Und was lag in dem Schrank? Da lagen die ganzen Akten der Schleyer-Entführung, von Klaus

m Rhein hin offenen Kanzlerbungalow wurde eine Fensterfront aus Panzerglas vorgesetzt.

Bölling dort deponiert. Da konnten Sie sehen: Natürlich gab es besonderen Schutz – Personenschutz –, hier wurden auch einige Maßnahmen etwas verschärft. Fünf oder zehn Bewacher vom Bundesgrenzschutz damals." [1]

Doch mit fünf oder zehn Bewachern war es nicht getan: Die Stadt Bonn war im Ausnahmezustand. Ein Aufgebot von Bundesgrenzschutz, Bundeskriminalamt und Bonner Polizei sorgte für Schutz. Und im 1976 fertig gestellten neuen Kanzleramt wurde ein Krisenzentrum mit neuester Technologie eingerichtet. Im Keller des Gebäudes: zehn atomsichere Bunker für jeweils 50 Personen. Zwei Wochen ließe es sich dort im Katastrophenfall überleben. "Ich glaube, wir haben uns nie damit beschäftigt, was wäre, wenn es den Notfall gäbe. Dann wären wir einfach raus gelaufen." [1]

ZENTRUM DER MACHT
MIT SENFFARBENEM BAD

Machtwechsel 1982. Die Zeiten änderten sich, und das Haus bekam einen neuen Mieter. An Stelle von Nüchternheit regierte im Kanzlerbungalow von nun an pfälzische Gemütlichkeit. Helmut und Hannelore Kohl richteten sich im Bungalow ein, aber wirklich anfreunden konnten sie sich mit dem Haus nicht. "In dem privaten Teil waren für einen großgewachsenen Mann wie Helmut Kohl die Spielräume zwischen Wandschrank und Bett, um sich umzuziehen, eigentlich minimal." [6]

> *Helmut Kohl selbst erinnerte sich: „Der Bungalow war eigentlich ein absurdes Bauwerk im Sinne einer Wohnung des Bundeskanzlers. Der offizielle Teil war noch sehr viel besser, obwohl natürlich alles Glas war, was Sie sich vorstellen können, was ja auch jede Form von Behaglichkeit unmöglich macht. Aber der private Teil war völlig absurd. Es war sehr teuer. Und selbstverständlich musste der Bundeskanzler dies auch bezahlen, doch darüber beklage ich mich nicht. Aber es war halt gar nichts."*

3.500 DM Miete mussten die Kohls monatlich für ihre 142 qm zahlen. Für diesen Preis wollten sie es auch schön haben – bis hin zum senffarbenen Bad. Und doch blieb der Bungalow reiner Dienstsitz. Am Wochenende fuhr man nach Hause. In die Pfalz.

Das private Wohnzimmer der Kohls ...   ... und das senffarbene Badezimmer

„Hannelore Kohl war relativ selten da. Höchstens, wenn Prinz Charles und Prinzessin Diana mal hier waren, dann gab es einen Empfang, oder Hannelore Kohl hat hier auch mal eine Runde für ihre Stiftung ZNS gemacht." [1]

„Es hat immer sehr viel Spaß gemacht, wenn sie da war. Sie war lustig, sie war immer gut drauf. Ja, wir haben nette Abende hier zusammen verbracht. Wenn sie dann kam und fragte, ob ich schon etwas gegessen habe und welche Gäste da sind. Da habe ich ihr gesagt, wer da ist. Und da sagt sie: ‚Ich geh schnell rein und sag Hallo zu allen und dann essen wir zusammen.' Dann habe ich etwas gekocht, die Hannelore hat den Tisch gedeckt, und so war das ein sehr nettes Verhältnis zueinander." [9]

Die Atmosphäre war familiär, das Essen rustikal. Auch wenn Besuch aus Frankreich kam. „Ja, da gab es schon Menüs mit drei oder vier Gängen. Ich kann mich erinnern, als Jaques Chirac hier war, da gab es abends nur Würste. Der Bundeskanzler wollte abends nur Würste haben. Es gab am Abend eine Weißwurst. Gebratene Würste, Nürnberger. Alles Mögliche. Aber nur Würste. Saucisse in allen Variationen, und Jaques Chirac war total begeistert." [9]

Das private Wohnzimmer – das Zentrum der Macht. Hier empfing Kohl nur seine engsten Vertrauten. „Hier war offizielles Ende für die Presse. Hier ging der Privatbereich los, und da habe ich nie einen Fotografen drin gesehen, nie ein Fernsehteam, gar nix. Das war absolut privat. Das war der Chefplatz hier. Da saß Helmut Kohl und meistens saß ihm Eduard Ackermann gegenüber. Und die Gäste waren auf der Couch und haben dann Kaffee getrunken, vielleicht auch das Dessert eingenommen. Und hier wurde dann Politik gemacht." [9]

„Um 19 oder 20 Uhr traf man sich hier zu einem sehr einfachen Abendessen, bei dem schon Dinge besprochen wurden, und nach dem Essen zog man sich in die privaten Räume zurück. Dann wurde es ziemlich lang. Helmut Kohl lief da zu Hochform auf. Trank ab 22 oder 23 Uhr noch eine Riesenkanne Kaffee. Dann ging es bis Mitternacht oder sogar noch bis weit danach weiter. Ich gebe zu, ich war oft erschöpft. Auch andere Kollegen waren oft erschöpft. Aber Helmut Kohl wurde – vielleicht durch den Kaffee – immer wacher.“ [1]

Wer im privaten Wohnzimmer mit dabei sein durfte, stand in der Kohlschen Hierarchie ganz oben. Zwischen braunem Velour konnte auch über Schlappen und politische Niederlagen offen diskutiert werden. Anders als im Kanzleramt gab es weder einen engen Zeitplan noch lästige Journalisten, die vor der Tür auf Neuigkeiten warteten.

„Im Frühjahr 1989 war Helmut Kohl ja durchaus in politischen Turbulenzen. Die CDU hatte Landtagswahlen verloren. Die rechtspopulistischen Republikaner hatten in Baden-Württemberg Erfolge erzielt, und da gab es mal einen Abend hier im Kanzlerbungalow, wo nur ganz wenige Mitarbeiter dabei gewesen sind, wo Helmut Kohl auch gesagt hat: Na ja, vielleicht liegt es doch an mir selbst, dass

Historischer Moment im Juni 1989: Michail Gorbatschow, Generalsekretär des ZK der KPdSU, wird anlässlich seines Staatsbesuchs von Bundeskanzler Helmut Kohl begrüßt.

die CDU nicht so erfolgreich ist. Der Kanzlerbungalow ist immer ein Raum gewesen, wo auch solche ungeschützten Gedanken geäußert werden konnten und wo man wusste: Das verlässt den Raum nicht." [6]

Doch die Stasi hörte mit. Sowohl die privaten als auch die dienstlichen Telefonleitungen wurden angezapft, abgehört und zu Papier gebracht. Schon 1975, als Helmut Kohl noch Ministerpräsident war, war er von der Stasi belauscht worden. „Helmut Kohl hat ja viel telefoniert. Der hat auch immer damit gerechnet, dass Telefongespräche auch abgehört werden können. Und hat dann auch mit seinen Gesprächspartnern immer auch in Codewörtern geredet." [6]

„Wenn er bei mir anrief und irgendetwas Außenpolitisches war, hat er mir dann erzählt: Du kennst ja den Mann mit den großen Ohren. Da wusste natürlich keiner, dass das Hans Dietrich Genscher war. Oder wenn er denn sagte: der Dicke aus München. Da wusste keiner, dass das Franz-Josef Strauß war." [1]

Allein zwischen 1982 und 1989 brachte die Stasi geschätzte 9.000 Seiten über Kohls Telefonate zu Papier. So genau weiß das niemand, denn seine Stasiakte hat Helmut Kohl für die Öffentlichkeit sperren lassen. Das Verhältnis zu Erich Honecker jedenfalls blieb frostig. In den Kanzlerbungalow hätte er ihn beim Staatsbesuch niemals eingeladen.

Ganz anders gestaltete sich die Beziehung zu Michael Gorbatschow. Die Chemie schien zu stimmen, und bei Gorbatschows erstem Besuch in Bonn empfing ihn der Kanzler nach dem offiziellen Teil ganz selbstverständlich zuhause – zum Abendessen im Kanzlerbungalow.

„Es hat sich dann sehr schnell herausgestellt, dass Gorbatschow ähnlich unkompliziert war wie Helmut Kohl. Die sind dann im Park spazieren gegangen, haben sich unten auf die Mauer zum Rhein gesetzt, da war außer den Übersetzern dann niemand dabei." [6]

Mit Blick auf den Rhein, so schreibt Kohl in seinen Memoiren, habe er seinem Gegenüber erklärt, dass die deutsche Einheit so sicher kommen werde, wie der Rhein zum Meer fließt. Und sie sich genauso wenig aufhielten ließe wie der Strom. Gorbatschow – so heißt es – habe nicht widersprochen. Bis dahin war die deutsche Einheit ein Tabuthema gewesen. Im Bungalow wurden später auch die ersten Ideen für den Ablauf der Wiedervereinigung entwickelt.

1998 endete die Ära Kohl. 16 Jahre – so lange wie kein anderer Kanzler – war er an der Macht gewesen. Und so lange wie kein anderer Kanzler hatte er im Kanzlerbungalow gewohnt.

„Er selber fand das hier dann auf einmal ganz gut. Er wusste ja auch nicht so recht wo er hin sollte, ins Kanzleramt konnte er nicht mehr. Da saß dann Schröder. Er hat sich schwer getan, hier auszuziehen." [1]

DAS UNIKUM KANZLERBUNGALOW

„Ich glaube, es ist nicht zu viel gesagt, wenn man formuliert, dass dieser Bungalow ein Unikum war. Einzigartig, ich kann jedenfalls nicht sagen, dass ich irgendwo auf der Welt etwas Vergleichbares kennengelernt hätte."

Egon Bahr, enger Vertrauter von Willy Brandt

Hier endet die Geschichte vom Kanzlerbungalow. Vom Wohnzimmer der Macht, verborgen zwischen Bäumen in der kleinen Stadt am Rhein.

Heute ist das Haus ein Denkmal – renoviert von der Wüstenrot-Stiftung. Eine Erinnerung an die Tage der Bonner Republik.

Quellen:

1 Friedhelm Ost, 1985–1989 Chef des Presse- und Informationsamtes der Bundesregierung

2 Egon Bahr, enger Vertrauter von Willy Brandt, 1972–1974 Bundesminister für besondere Aufgaben, 1974–1976 Bundesminister für wirtschaftliche Zusammenarbeit

3 Dr. Judith Koppetsch, Wissenschaftliche Mitarbeiterin der Stiftung Haus der Geschichte der Bundesrepublik Deutschland

4 Herrmann Schreiber, Journalist (u.a. ehemaliger Bonner Korrespondent des „Spiegel"), Autor und Moderator

5 Elisabeth Leutheusser von Quistorp, ehemalige Hausdame im Bonner Kanzlerbungalow

6 Stephan Eisel, CDU-Politiker, 2007–2009 Mitglied des Deutschen Bundestages, Redenschreiber von Helmut Kohl

7 Prof. Berthold Burkhard, Architekt, sanierte den Kanzlerbungalow

8 Manfred Schüler, SPD-Politiker, Leiter des Bundeskanzleramtes unter Helmut Schmidt

9 Martin Frühauf, Koch von Helmut Kohl

KÖLNER HAUPTBAHNHOF

KÖLNER HAUPTBAHNHOF

Die Hohenzollernbrücke, der Dom und der Hauptbahnhof, sie sind das wahre Kölner Dreigestirn. Der Bahnhof war jedoch stets der ungeliebte Dritte. Immer wieder sollte er weg. Doch er hat sich wacker gehalten. Und seine Fundamente haben sich tief eingegraben in die Kölner Stadtgeschichte.

Wie kam es überhaupt zu dieser „schrägen" Nachbarschaft? Alle Versuche, den Bahnhof zu verlegen, scheiterten. Offenbar hat er ein Erfolgsgeheimnis.

Es ist eng zwischen Dom und Hauptbahnhof. Und diese Enge hat dem Dom nicht immer gut getan. Fährt im Hauptbahnhof ein Zug ein, ist er noch unter den Domspitzen zu spüren.

Eingezwängt zwischen Dom, Rhein und Altstadt ist der Standort des Bahnhofs städtebaulich eigentlich eine Fehlplanung: Es gibt kaum Erweiterungsmöglichkeiten. Doch von Jahr zu Jahr kommen mehr Züge und Passagiere dazu.

Eine Viertel Million Menschen strömen an normalen Tagen durch den Bahnhof, knapp 1.300 Züge fahren täglich ein und aus. Und die U-Bahnen fahren im Zwei-Minuten-Takt unter dem Bahnhof durch. „Wir haben mal abgeschätzt, dass wir – rein von den Zugkapazitäten – etwa 60.000 bis 70.000 Menschen in der Stunde wegbefördern können. Wir kommen an unsere Grenzen, wenn wir hier Großveranstaltungen haben. Dann hat diese Infrastruktur ganz klar die Bedürftigkeit, größer, breiter, höher ausgelegt zu sein." [1]

Mitte des 19. Jahrhunderts war Köln eine Hafenstadt. Reich geworden durch Handel und Zölle. Die Mehrzahl der Reisenden kam über den Fluss, doch dem Dampfschiff machte schon bald die Eisenbahn Konkurrenz. „Es gab zuerst natürlich eine ganze Reihe von privaten Bahngesellschaften, und diese Privatbahngesellschaften hatten zunächst auch in Köln ab 1838 viele kleine einzelne Endbahnhöfe angelegt, die sich unmittelbar vor der Stadtmauer befanden." [2]

ORT DER GESCHICHTEN

Stadtprägende Dreierkonstellation: Hauptbahnhof, Dom und Hohenzollernbrücke

Mit zunehmender Beliebtheit der Eisenbahn fusionierten zwei der Eisenbahngesellschaften. Man wollte einen großen Bahnhof für Köln, am besten dort, wo auch schon die zukünftigen Fahrgäste waren.

„Touristen kamen aus Amerika, aus England und aus anderen europäischen Ländern. Die bestiegen die Schiffe in der Nähe der heutigen Altstadt, und es war ganz logisch, dass man versuchte, den Kölner Bahnhof möglichst in dieses touristische Zentrum zu verlegen. Dort, wo, wie man es heute sagen würde, der Bär brummte. Aber man muss auch immer den nötigen Platz dazu haben.“ [2]

Ulrich Krings

Die Suche nach einem Bauplatz erwies sich als äußerst schwierig. Die Stadt war Mitte des 19. Jahrhunderts noch immer eingezwängt in ihre mittelalterlichen Mauern. Tatsächlich gab es nur einen Flecken, der nicht bebaut war.

Die Stadt Köln bot damals der Eisenbahngesellschaft ihren Botanischen Garten im Herzen der Stadt an, die dankend annahm. Dafür wurde die einzige Grünanlage, die Köln innerhalb seiner Mauern hatte, geopfert.

Köln um 1830: noch dominiert die Schifffahrt

Musste dem Bahnhof weichen: der Botanische Garten Köln

Die Entscheidung stieß auf Widerstand: Dombauherr Ernst Friedrich Zwirner sperrte sich gegen einen Bahnhof in Domnähe. Zwirner fürchtete, der Dom könnte im Kriegsfall Schaden nehmen, weil der Bahnhof ein Ziel feindlicher Bombardierung würde. Doch Zwirner konnte sich nicht durchsetzen. Zumal der Preußenkönig seine Bedenken nicht teilte. Wilhelm der IV. hatte eine Vision: Unter seiner Schirmherrschaft wurde gerade der mittelalterliche Dom fertiggestellt. Und er wollte mit dem Bahnhof ein weiteres Symbol der Macht und Fortschrittlichkeit entstehen lassen. Und mehr noch: die erste Brücke über den Rhein seit den Tagen der Römer.

„Brücke und Bahnhof sind eigentlich Zwillinge, die eng zusammengehören in Ihrer Entwicklungsgeschichte, aber auch in ihrer Funktionalität." [2]

DER ERSTE BLICK FÄLLT AUF DEN DOM

1859 wurde der erste Kölner „Centralpersonenbahnhof" eingeweiht. Ein vergleichsweise bescheidener Bau im spätklassizistischen Stil. Seine Überreste sind heute noch sichtbar. Wer sich auf den Bänken unter dem S-Bahngleis ausruht,

Der 1859 eingeweihte Kölner „Centralpersonenbahnhof" war privat finanziert.

sitzt direkt vor seiner Rückseite. Man muss sich nur umdrehen. Die Fassade ist noch da.

1859 wurde auch die Dombrücke fertiggestellt. Weil ihre Eisenstreben-Konstruktion die Kölner an eine Mausefalle erinnerte, erhielt die Brücke den Spitznahmen „Muusfall". Dem Preußenkönig soll auch zu verdanken sein, dass die Brücke den Rhein geradewegs am Domchor überquert. Damit ist Wilhelm der IV. bis heute für die engste Rechtskurve der deutschen Bahngeschichte verantwortlich. Die Einfahrt in die Stadt, direkt vor die Tore der gotischen Kathedrale – das ist weltweit einmalig. „Ich finde, das ist ein tolles Portal für die Stadt Köln, für den Reisenden, der nach Köln will. Der erste Blick fällt auf den Dom, wenn ich aus dem Bahnhof komme." [3]

Die „Muusfall" genannte Dombrücke

Es ist dieser Blick, der Reisende bis heute bei ihrer Ankunft in Köln überwältigt. Doch die Kritiker ließ auch das nicht verstummen. „Der Bahnhof hatte viele

Großbaustelle Kölner Hauptbahnhof, 1892

Feinde und er sollte zumindest drei Mal in seiner Geschichte abgerissen und wo-
anders neu errichtet werden." [2]

Ulrich Krings liebt den Kölner Bahnhof seit Kindertagen. Auch dem Einsatz
des langjährigen Denkmalpflegers ist es zu verdanken, dass die alte Bahnhofs-
halle noch steht. Als er Mitte der 1970er Jahre den Hauptbahnhof zum Thema
seiner Doktorarbeit machte, stieß er auf blankes Unverständnis. „Mein Doktor-
vater sagte: Mein Gott, da liegt dieser grauenhafte Bahnhof neben dem wunder-
schönen Dom und stört den und schädigt ihn schon seit hundert Jahren. Da hab
ich gesagt, ich sehe das ganz anders – dieser Bahnhof und auch die ramponierte
Hohenzollernbrücke und der Dom bilden eigentlich eine Art Kölsche Dreieinig-
keit. Die gehört nun immer schon seit 1850 zusammen, und ich finde das alles
ganz großartig." [2]

Diese Begeisterung teilte auch der Kölner Schokoladenfabrikant Stollwerck.
Der hatte 1896 in London einen der ersten Filme der Gebrüder Lumiere gesehen: die Einfahrt des Zuges in den Bahnhof von Lyon. Stollwerck war davon so

Die Kölner Bahnsteig-
halle (Bild o.) und ihr
Vorbild, der Londoner
Bahnhof St. Pancras

begeistert, dass er umgehend Lumieres Leute bat, im Kölner Hauptbahnhof die gleiche Szene zu drehen – das erste Remake der Filmgeschichte.

Ende des 19. Jahrhunderts war die Eisenbahn das wichtigste Verkehrsmittel. Die Bahn und die Schienennetze wurden für den Staat immer wichtiger. Deshalb trieb Bismarck die Verstaatlichung der Bahnen ab 1880 verstärkt voran. Gleichzeitig begann die Planung für einen neuen, der Bedeutung der preußischen

Der Hauptbahn-
hof um 1900

Süd-Ansicht.

Das alte Warte-
saalgebäude aus
Eisenfachwerk

Rheinmetropole angemessenen Zentralbahnhof. Vorbild war der Londoner
Bahnhof St. Pancras.

Ein ehrgeiziges Projekt. Zu groß für den engen Platz neben dem Dom, meinten die Kritiker und lieferten damit das wichtigste Argument für die Bahnhofs-
gegner. Der mächtigste Gegner war der einflussreiche Politiker August Reichensperger, Mitgründer des Zentral-Dombau-Vereins zu Köln. „Von ihm ist über-

Der im Bau befindliche Hauptbahnhof und sein größter Kritiker: August Reichensperger (1808–1895)

liefert, dass er sagte, wenn also jetzt der neue Bahnhof, der 1894 fertig werden sollte, neben dem fertigen Dom errichtet wird, dann degradiert dieser Bahnhof den Dom zum Wartesaal erster Klasse." [2]

Fast hätte sich Reichensperger durchgesetzt. Ernsthaft wurde diskutiert, den Hauptbahnhof an den damaligen Stadtrand zu verlegen auf das Gelände des heutigen Mediaparks. Doch die historische Chance, den Bahnhof aus der engen Altstadt zu lösen, wurde verpasst.

Einflussreiche Kaufleute fürchteten den Wertverlust ihrer Grundstücke in bester Bahnhofslage. Und sie setzten sich durch. Es folgte der Streit, wie denn neben dem Dom gebaut werden dürfe. Was bis heute gilt, wurde schon damals heftig diskutiert: Kein Bau darf der Kathedrale Konkurrenz machen. „De facto wurde eben auch der neue Bahnhof in seiner Höhenentwicklung ein wenig gebremst, so dass er eigentlich bis heute für das Stadtbild relativ bekömmlich wirkt." [2]

So entstand unmittelbar neben dem Dom eine neue Großbaustelle – tausende Tonnen Stahl. Die gewaltige Halle schob sich 255 Meter tief in die Kölner Innenstadt – fast ein ganzes Stadtviertel musste weichen. 1894 feierte Köln bei der Eröffnung die damals größte Bahnsteighalle auf dem europäischen Kontinent.

„Es war ein Gebäude des Staates Preußen. Es war ein Hoheitsbau, wie man damals sagte. Im Inneren gab es bis 1909 ein Wartesaalgebäude, das wie ein kleines Schlösschen gestaltet war. Eisenfachwerk mit farbiger Keramik mit ursprünglich gold-bronzefarbenen Kuppeln. Das Ganze sah sehr schmuck und munter aus.

Allein die Luftverschmutzung des Bahnhofes hat dazu beigetragen, dass diese Pracht relativ schnell verblich." [2]

Eine enorme Luftverschmutzung – Kohleschwaden nebelten den Dom ein. Allerdings gab es auch eine Neuerung, die den Kölnern das Leben wesentlich erleichterte. Ein Umstand, der heute kaum mehr auffällt: „Das Neue an dem zweiten Bahnhof von 1894 war, dass die Gleise erstmalig sechs Meter oberhalb des Straßenniveaus verliefen." [2] Damit störte die Eisenbahn nicht mehr den Straßenverkehr. Stunden hatten die Kölner bis dahin vor geschlossenen Bahnschranken gewartet.

GEHEIME WELT UNTER DEN GLEISEN

Tatsächlich ist der Bahnhof eine Art lange Brücke. Und was kaum ein Reisender ahnt: Unter der Gleisebene gibt es ein eigenes, für die Öffentlichkeit verborgenes Reich. Kilometerweite Gänge, ein verschlungenes Netz von Versorgungswegen für die Läden und Restaurants im Bahnhof. Eine eigene Welt hintern den Kulissen des Konsumtempels.

Nur wenige hundert Meter entfernt, unter dem alten Hauptpostamt, ist das Catering-Zentrum der Bahn. Hier werden die Bistrowagen für die Fernzüge bepackt. So ist der Kölner Hauptbahnhof auch kulinarisch eine Drehscheibe der Deutschen Bahn. Noch aus Kaisers Zeiten stammt der alte Posttunnel, durch den die Mahlzeiten hoch auf die Gleise gebracht werden.

In den Katakomben der Vorgängerbahnhöfe

Die Hohenzollernbrücke mit den markanten Brückentürmen

Zwei Stockwerke unter der Halle liegt ein Labyrinth – die Katakomben der Vor-
gänger-Bahnhöfe. Auf den alten Fundamenten ankern die Stahlsockel der riesigen
Halle. Heute mäandern hier einige tausend Kilometer Kabel, die High-Tech-Le-
bensadern des modernen Hauptbahnhofs. „Wir benötigen sie dringend, um diesen Bahnhof überhaupt betreiben zu können. Das heißt, hier hat die historische
Seite auch ihre Vorteile gezeigt, denn wir mussten das nicht nachträglich errichten, wir haben es praktisch vorgefunden. Ich bin einfach stolz, dass wir auf dem
alten Grundgerüst von vor über 150 Jahren unseren Verkehr betreiben können." [1]

Verborgen liegt auch ein vergessener Rest einstiger Schönheit. Der Sockel des
alten Wartesaals. 1915 ersetzte dieser das Warte-Schlösschen in der Bahnsteighalle. Der Bahnhof genügte nun nicht mehr den Anforderungen des steigenden
Verkehrs. Die Züge brauchten mehr Platz, die Halle wurde erweitert. Der größere Bahnhof erhielt auch eine größere Brücke. Die „Muusfall" wurde durch die
neue Hohenzollernbrücke ersetzt. Die neue Brücke entsprach dem Zeitgeist, und
der war entschieden preußisch-militärisch. „Bei den Brückentürmen wissen wir,
dass sie nicht nur Zierde waren, nicht nur politisches Ornament, sondern dass
sie de facto auch Räume boten für Kanonen, für kleine Truppenkontingente. Und
im Ersten Weltkrieg sind sie denn auch so benutzt worden." [2]

1913 erhielt der Hauptbahnhof auf der gegenüberliegenden Rheinseite ein Pen-
dant – den Deutzer Bahnhof. Auch er ein Kleinod preußischer Architektur und

zugleich eine logistische Raffinesse: Ein Kreuzbahnhof, der auf zwei Ebenen die Schienennetze in Richtung Ost-West und Nord-Süd verbindet.

Nach Berlin war Köln die zweitwichtigste preußische Metropole – eine Festungs- und Garnisonsstadt. Im Ersten Weltkrieg war der Hauptbahnhof die Drehscheibe für Militärtransporte an die Kriegsschauplätze im Westen – und später für heimkehrende Verwundete.

Nach dem Ersten Weltkrieg dachten die Menschen bald schon wieder an Urlaub. In den 1920er Jahren boomte der Fernreisetourismus. Der legendäre Rheingold-Zug brachte die Hautevolee in die Berge und in die Seebäder – mit Station am Kölner Dom.

Am 7. März 1936 marschierten wieder Soldaten über die Hohenzollernbrücke. Hitler stationierte Truppen im Rheinland. Die Größen des Nazi-Reichs nutzten die imposante Kulisse und ließen sich vor Dom und Hauptbahnhof bejubeln.

Von den Verbrechen des Regimes sollte die Öffentlichkeit nichts mitbekommen. Die Deportation der Juden organisierten die Nazis über den Seiteneingang der Stadt: Von Oktober 1941 an wurden die meisten der noch verbliebenen ca. 7.600 Juden vom Deutzer Tiefbahnhof aus in die Todeslager im Osten deportiert.

Das Denkmal, das an die Mitverantwortung der Reichsbahn für die Deportationen erinnert, findet man allerdings – nach heftigen Auseinandersetzungen um den Standort – an einer eher unauffälligen Stelle vor dem Hauptbahnhof.

Messingtafel auf der Installation „Die Schwelle", die an die Opfer der Deportationen in die nationalsozialistischen Konzentrationslager und die Mitverantwortung der „Deutschen Reichsbahn" erinnert

Amtseinführung von Hermann Pünder (2.v.l.)   Der Kölner Hauptbahnhof nach Kriegsende

VERLEGUNG STATT WIEDERAUFBAU?

Köln lag Ende des Zweiten Weltkriegs in Schutt und Asche. Der Hauptbahnhof war zwar stark beschädigt, doch er stand noch. Die Hohenzollernbrücke war im März 1945, kurz vor dem Anrücken der US-Truppen, von deutschen Einheiten gesprengt worden. Nach Kriegsende ging es für die Kölner Stadtplaner um die Frage Wiederaufbau auf altem Grundriss oder vollständig neue Planung. In dieser Diskussion spielt der Kölner Hauptbahnhof die wichtigste Rolle.

Ende 1945 wurde der Kölner Hermann Pünder von der britischen Militärregierung zum Oberbürgermeister ernannt. Pünder gehörte zu den Gegnern des Bahnhofstandorts am Dom. Sein Tenor: Die Stunde Null biete die einmalige Chance, einen Fehler der Kölner Stadtplanung wiedergutzumachen. „Die Pläne meines Vaters bestanden darin, den Hauptbahnhof zu verlegen. Aus dem Fleische der Altstadt herauszulösen und an einer anderen Stelle der Stadt neu zu errichten. Nämlich dort, wo sich heute der Mediapark entwickelt, am Güterbahnhof Gereon. Das war das Stichwort. Also eine sehr diffizile Aufgabe, und mein Vater war als Oberbürgermeister damals der Meinung, dass es sich lohne, sich dafür einzusetzen." [4]

Pünder griff damit auf alte Ideen zurück. Doch im kriegsgeschundenen Köln wurde Widerspruch laut: Für eine kostspielige Verlegung der gesamten Bahn-Infrastruktur fehle schlicht das Geld. Für den Wiederaufbau brauche die Stadt schnell einen Bahnanschluss. Die Kölner hielten am Status quo fest, zumal die 700 Jahr Feier des Domes anstand. Und so blieb der Bahnhof an seinem Platz. 50 Jahre nach der Vollendung des Doms wurde wieder zeitgleich an Dom, Hauptbahnhof und Hohenzollernbrücke gearbeitet.

DEBATTEN IM ALTEN WARTESAAL 3. KLASSE

1948 konnte Hermann Pünder endlich die nur provisorisch instandgesetzte Hohenzollernbrücke für den Verkehr freigeben. Tilmann Pünder war damals 16 Jahre alt. Für ihn war es eine spannende Zeit. Denn der Hauptbahnhof wurde für Köln zum politischen Schauplatz der jungen Bundesrepublik. Der Verleger Gerhard Ludwig erhielt kurz nach dem Krieg von den Alliierten die Lizenz für den Verkauf von internationaler Presse. Im Bahnhof eröffnete er die erste Taschenbuchhandlung Deutschlands. „Das war spektakulär, etwas Neues, etwas Innovatives, denn das war eine spezielle Buchhandlung. Neben dem normalen Geschäft ging es auch um die Weltliteratur, die man ja in der Nazizeit nicht konsumieren konnte. Alles das war jetzt am Markt." [4]

Eine noch größere Attraktion waren die Kölner Mittwochsgespräche. Zu hunderten strömten die Menschen in den Alten Wartesaal. Hier wurde offen über Politik debattiert. Aus dem nahen Bonn kamen Politiker. Schriftsteller, Künstler und Verleger sprachen zum ersten Mal wieder offen über die wichtigsten Themen der Zeit.

Tilman Pünder

„Das Forum war das Diskussionspersonal, es gab einen Referenten und einen Moderator in Gestalt des Herrn Ludwig, und im Übrigen war dann Feuer frei gegeben, konnte jeder teilnehmen, der im Forum saß. Dies war ein deutliches Zeichen, dass wir uns in einer neuen Zeit befanden, und man eben frei seine Meinung sagen konnte. Und das hat einen doch sehr fasziniert." [4]

1956 endeten die Mittwochsgespräche abrupt mit dem Abbruch des Alten Wartesaals 3. Klasse. Denn die Stadtoberen wollten den alten preußischen Bahnhof nicht mehr. Heute unvorstellbar: der Uhrenturm, die Empfangshalle, der Kaiserpavillon – was die Bomben nicht geschafft hatten, fiel nun der Abrissbirne zum

Opfer. „Man hätte es nicht abreißen müssen. Aber damals hat man eben Bauten aus dieser Epoche nicht geschätzt. Das galt auch für die Türme der Hohenzollernbrücke, die noch standen. Da waren nur die Dächer beschädigt, aber das galt als Kitsch, das galt als furchtbar, man glaubte eben, mit dem Abriss dieser Zeitzeugen auch eine gewisse moralische Entsorgung zu erleben."[2]

„Weg mit dem Plunder, weg mit all den Begleiterscheinungen des Historismus. Man wollte bauen im Stil der neuen Zeit, der Bescheidenheit auch, man hatte ja nicht viel Geld und Materialien waren knapp. Man wollte sparsam wieder aufbauen."[4]

Erneut wurde der Platz im Schatten des Doms zur Großbaustelle: Licht und modern sollte der neue Bahnhof werden, funktional und nüchtern. Um ein Haar wäre dem Zeitgeist auch das heutige Wahrzeichen des Hauptbahnhofes geopfert worden. „Eigentlich wollte man damals auch noch die Bahnsteighalle abreißen, die hat nur zufällig überlebt, weil das Geld nicht da war. Erst durch den Umschwung in der denkmalpflegerischen Bewertung der 1970er Jahre geriet sie in den Fokus, und seither ist sie eben ein Schmuckstück, das von dem Geschmack und der Fähigkeit der Gründerzeit kündet."[2]

Empfangshalle mit Zugang zu den Bahnhofsterrassen

Die Eingangshalle der 1950er Jahre war ein Wurf. Besonders nachts entfaltet sie ihre schlichte Eleganz. Auch im Innern hatte der neue Bahnhof etwas Exklusives. Und die Kölner trafen sich gerne in den Bahnhofsterrassen, „weil es einfach eine tolle Aussicht auf den Dom gab und es ein beliebter Treffpunkt für Reisende war. Es hatte einfach ein schönes Ambiente. Als das geschlossen wurde, habe ich gedacht, jetzt geht ein Stück Bahnhof verloren. Das hat mir persönlich etwas leidgetan". [3]

In den Wiederaufbaujahren sind Fernreisen für die meisten Menschen etwas Besonderes: Selbst für den Besuch des Bahnhofs wurde Eintritt verlangt. Zu den Gleisen kam man nur mit einer Bahnsteigkarte.

Auf den Gleisen mutete die Welt noch vorkriegsmäßig an. Die Dampfloks setzten der Bahnsteighalle arg zu: Kaum noch Tageslicht schaffte es in das Innere der Halle. Der rußschwarze Kohledampf verdreckte aber nicht nur die Halle. Er setzte vor allem dem empfindlichen Gestein des Doms zu.

Erst mit der Elektrifizierung des Bahnhofs 1957 entspannte sich das Nachbarschaftsverhältnis zum Dom deutlich. Die Rußwolken sollten bald Geschichte sein. Für den Kölner Hauptbahnhof begann eine neue Ära: Denn der Reiseverkehr wurde alltäglich.

„DER BAHNHOF BEDEUTET LEBEN"

Ein Bahnhof ist ein Ort des Kommens und des Gehens – ein Ort der Geschichten und der Schicksale, glückliche wie traurige. Wie kaum ein anderer Ort zieht er Menschen an, die nicht wissen, wohin sie sich wenden sollen. Er ist ein Seismograph für soziale Brüche und Umbrüche. 30 Jahre lang arbeitete Monika Braun-Gerhards an diesem Pulsmesser der Gesellschaft. „Aufgrund meines Berufs gehe ich ganz anders durch den Bahnhof als ein Reisender, also mit einer ganz anderen Sicht der Dinge. Als ich hier angefangen habe, da gab es Gleis 10/11 noch nicht, und da ging hier am Breslauer Platz die Post ab, prostituiertenmäßig. Ein Teil unserer Arbeit war es auch, durch den Bahnhof zu gehen und Menschen zu suchen, die nicht von sich aus zu uns gekommen sind und um Hilfe gebeten haben." [5]

Als Monika Braun-Gerhards Mitte der 1980er Jahre bei der Bahnhofsmission anfing, gab es noch Uniformpflicht: blauer Kittel weiße Schürze. Damals war die Begleitung hilfebedürftiger Reisender nur eine Aufgabe der Bahnhofsmission. Längst hatte sich der Bahnhof verändert. Es gab immer mehr Reisende. Der propere, bürgerliche Bahnhof war verschwunden.

Monika Braun-Gerhards

„Die Bahnhofsmission ist eine Anlaufstelle, die sich über den Standort Bahnhof definiert. Und im Bahnhof gibt es keine Menschengruppe oder Randgruppe in unserer Gesellschaft, die ich nicht kennengelernt habe." [5]

Die Bahnhofsmission wurde zu einer wichtigen Anlaufstation für Hilfsbedürftige, Desorientierte, für Menschen vom Rand der Gesellschaft: Stricher oder Politikergattin, Ausreißer oder DDR-Bürger nach der Wende. Auf Gleis 1 gab es für alle Zuwendung. „Das hat mich immer geärgert, das landläufig gesagt wurde: Ja, da gehen die Obdachlosen hin, das ist eine Suppenküche, da wird Essen ausgeteilt und sonst nichts. Es waren genauso Menschen, die wenig Geld hatten, wie Menschen, die ihrem Tag eine Struktur gegeben haben. Eben auch die Einsamen, die alleine lebten und in den Bahnhof als solches schon mal gekommen sind, weil der Bahnhof Leben bedeutet." [5]

Die Bahnhofsmission war alles auf einmal: Notschlafstelle für geschlagene Frauen, psychiatrische Ambulanz, Hafen für gestrandete Reisende. Nicht fein, aber eine Insel der Ruhe im hektischen Bahnhofsleben.

Den Bahnhof, wie ihn Monika Braun-Gerhards kannte und liebte, gibt es heute nicht mehr. Die Suppenküche wurde geschlossen, das Betreuungs-Angebot zurückgefahren, die Öffnungszeiten auf den Tag beschränkt. Um 19 Uhr ist Schluss. Das Kerngeschäft ist die Reisebegleitung.

Dorothee Wasel

„Mit der Privatisierung 1994 haben sich sowohl der Bahnhof als auch die Bahn verändert. Es kam ein Bahnhofsmanager, der sich um die Bahnhöfe kümmerte und den sogenannten Bahnhofsvorsteher, wie es ihn bis 1994 gab, ersetzte. Und damit begann auch der Wandel der Bahnhöfe, gerade hier am Kölner Hauptbahnhof ging das sehr schnell, weil dann ja auch die Umbauplanungen begannen." [3]

Dorothee Wasel hat in den 1990er Jahren den Wandel des Bahnhofs hautnah miterlebt. Der Kölner Hautbahnhof veränderte sich grundlegend. Die Bahn und ihre Mitarbeiter mussten lernen, wie ein Wirtschaftsunternehmen zu denken und handeln.

Der Bahnhof ist zur teuren Vermarktungsfläche geworden. Darunter und dahinter aber befindet sich eine riesige Parallelwelt. Der Untergrund der ehemali-

In Zeiten der Profitmaximierung bietet der Hauptbahnhof Köln bedürftigen Reisenden oder sonstigen Hilfesuchenden nur noch tagsüber Betreuung an.

gen Poststelle wurde in den 1990er Jahren zur Großbaustelle. „Wir kamen morgens zur Arbeit, wir wussten, in der Nacht vorher wird die Decke geöffnet, dann konnte man das Riesenloch sehen. Wir haben uns gedacht, um Gottes willen, was für ein Riesenloch! Und da soll jetzt die Gepäckschließfachanlage rein?" [3]

Sie ist die einzige Anlage dieser Art in ganz Deutschland, knapp 1.000 Fächer auf drei Ebenen werden computergesteuert angefahren und bestückt. Bis zu 20.000 Gepäckstücke werden im Monat hier aufgegeben und wieder abgeholt. Mittlerweile funktioniert das reibungslos. „Es gab einige Kinderkrankheiten: Ein Highlight war, wenn Messezeit war und die Messegäste aus der ganzen Welt ihr Gepäck da eingeschlossen hatten, weil sie nachmittags zum Flieger mussten, und dann vor der Gepäckschließanlage standen und die Technik war ausgefallen, und schließlich nicht mehr an ihr Gepäck kamen. Wir haben sehr oft Gepäck nachgeschickt bis nach Neuseeland oder bis nach Amerika, egal wohin. In die ganze Welt haben wir gelernt, Gepäck zu verschicken." [3]

Der Kölner Hauptbahnhof hat den Sprung ins High-Tech-Zeitalter geschafft. Das Herz des Bahnhofs ist die „3S-Zentrale". Sie liegt an einem geheimen Ort, der Zugang ist streng gesichert. Monitore der Kameras, die den Bahnhof überwachen, Bahnpolizei und Sicherheitsdienst sind ständig präsent. Von hier kommen die Durchsagen für umliegende Bahnhöfe in Bonn oder Aachen. Der Kölner Hauptbahnhof ist das große Drehkreuz des Westens – modern, riesig, komplex.

BIOS BAHNHOF

In einem entlegenen Winkel hat sich ein Relikt aus preußischer Zeit gehalten: im Alten Wartesaal 1. Klasse. Als wäre die Zeit stehen geblieben, hat er sich einen Abglanz einstiger Grandezza bewahrt – zumindest innen.

    Draußen aber sieht die Welt ganz anders aus: „Das ist die größte Kloake von Köln. Dieser Ammoniakgeruch, der einem da sofort in die Nase zieht, der sich da reinfrisst. Das ist Betäubung pur. Das ist absolut irre. Da haste drinnen illustre Gäste, spektakuläre Gäste und draußen stinkt es, ich sach's jetzt mal ganz deutlich, nach Pisse. Für mich ist das mein Zuhause." [6]

Der „Alte Wartesaal" war über Jahrzehnte ein beliebter Szenetreff. Die Kabarett-Sendung „Mitternachtsspitzen" machte ihn auch überregional bekannt.

30 Jahre lang hat Paolo Campi den Alten Wartesaal betrieben. Er hat ihn zum legendärsten Club der Stadt gemacht. Den Anstoß dazu gab der Showmaster Alfred Biolek. „Der Bio suchte unbedingt ein Lokal, und zwar ein Lokal, wo nebenan nochmal ein Saal ist, in dem man Sachen veranstalten kann. Fernsehen, Shows, was weiß ich, Kabarett. Und die Bahn wollte unbedingt die beiden maroden Säle loswerden, wo nichts mehr stimmte." [6]

Zu ersten Besichtigung ging Campi gemeinsam mit Alfred Biolek. „Im großen Saal saß ein älterer Herr vor einer leeren Flasche Bier und ein anderer kaute in eine Knackwurst rein, und ich guckte in den Saal und dachte, das ist super, das willst du machen." [6]

Nicht allein die Gaststätte, der besondere Flair des Bahnhofs hatten es dem jungen Campi angetan.

Paolo Campi

„Diese Menschenmassen, die da jeden Tag durchstiefeln. Reiche Menschen, arme Menschen, große, kleine, dicke, dünne. Diese Unterschiedlichkeit. Und dazu passte bestens das Konzept, das der Bio hatte. Der sagte, ich möchte jetzt kein Lokal machen für eine Zielgruppe, also jetzt nicht nur für Künstler oder für reiche Leute. Er sagt, wir müssen uns ganz breit aufstellen." [6]

Und genau so vielseitig wurde das Angebot. Partys, Konzerte, Kunstaktionen, Kabarett – Events aller Art.

Die WDR-Mitternachtsspitzen machten den Wartesaal weit über Köln hinaus bekannt, und prominente Köln-Besucher kehrten gerne ein. „Da gab es wunderschöne Szenen, Howard Carpendale stand an der Theke und trank ein Kölsch neben einem Punker. Das hat sich immer mehr gesteigert, also es war absolut hip in den Alten Wartesaal zu gehen ... und wir hatten Keith Richard mit Mick Jagger nach einem Konzert in der Kölnarena da. Oder Joe Cocker im Restaurant, der trank eine Flasche Bourbon allein. Also auf diese Anfangsjahre, da lass ich nichts kommen. Es war eine Traumzeit, das war der Wahnsinn." [6]

DIE EWIGE BAUSTELLE

Der Hauptbahnhof und der Dom – hier Rastlosigkeit, dort fromme Einkehr. Seit 150 Jahren ist es eine Nachbarschaft, wie sie widersprüchlicher nicht sein könnte.

Ähnlich wie der Dom ist auch der Bahnhof eine ewige Baustelle. Stets wird um das richtige Verhältnis der beiden zueinander gerungen.

„Aus heutiger Sicht sind wir, glaube ich, friedliche und zufriedene Nachbarn. Wir bringen dem Dom viele, viele, die ihn besichtigen, und sind umgekehrt auch froh, dass der Dom den einen oder anderen Reisenden zur Bahn führt, damit er mit der Bahn zum Dom fahren kann." [1]

Vorne ist das Verhältnis Dom – Bahnhof geklärt. Doch der Bahnhof hat auch eine „schääl sick". Die stinkende Johannisstraße bleibt eine der unangenehmsten Kloaken Kölns. Doch irgendwie gehört sie wohl dazu. „Sie wollen es ja jetzt bereinigen, irgendwann wird das hier alles ganz schön sein, aber es wird dann auch nicht mehr, glaube ich, der Bahnhof sein, der er über viele, viele Jahre, Jahrzehnte war." [6]

> *„Es war ein Riesen-Bahnhof in einer Großstadt, direkt am Dom, und trotzdem aber atmosphärisch irgendwie, sage ich mal, kuschelig. Und heute ist es ein Wirtschaftsunternehmen."* [5]

Um dem immer größeren Ansturm der Reisenden gewachsen zu sein, müsste der Bahnhof wieder erweitert werden. Der einzige Platz dafür ist auf die Rückseite zum Breslauer Platz. Die Überdachungen der Ausgänge lassen mögliche Dimensionen erahnen. „Ich verfolge das seit 2004, seit über zehn Jahren. Und ich möchte mal behaupten, wir waren noch nie so nahe dran, diese Vision, diese Vorstellung zunächst mal zumindest planen zu können und zu dürfen." [1]

Die Realisation wird vermutlich dauern. Aber Köln hat ja eine lange Tradition mit ewigen Baustellen … Eines wird der Kölner Hauptbahnhof wohl immer bleiben, ein Unikat im Herzen der Stadt.

> *„Weil er so schräg zum Strom liegt, praktisch auch nochmal in einem gewissen Winkel zum dominanten Dom, wirkt er wie ein riesiges Reptil. Irgendwie hat es etwas von Dinosaurier, Krokodil oder einem dieser ähnlichen Fabeltiere, die sich in die Länge entwickeln. Als Fan dieses Bahnhofs wünsche ich ihm ein langes Leben."* [2]

Quellen:
1 Peter Kradepohl, Leiter Bahnhofsmanagement Köln
2 Ulrich Krings, Stadtkonservator a.D.
3 Dorothee Wasel, ehemalige Bahnhofsmanagerin Köln
4 Tilman Pünder, Sohn von Hermann Pünder (ehemaliger Oberbürgermeister von Köln)
5 Monika Braun-Gerhards, Sozialpädagogin
6 Paolo Campi, ehemaliger Betreiber des „Alten Wartesaals"

MÖHNETALSPERRE

MÖHNETALSPERRE

Es war ein Kraftakt sie zu bauen. Zu ihrer Zeit bewundert als Gipfel deutscher Ingenieurskunst, hielt sie doch am Ende nicht stand. Seit hundert Jahren versorgt sie die Menschen mit Wasser und brachte doch Tod und Verderben in einer Nacht. In Deutschland ist sie heute eine unter vielen, in England kennt sie jedes Kind. Gebaut die Natur zu bezwingen. Und doch nur Menschenwerk.

Zu ihrem 100-jährigen Jubiläum präsentiert sich die Möhnetalsperre in farbigem Gewand. Die Nacht, in der die Mauer brach, liegt bald länger zurück als ein Menschenleben. Nur Wenige können noch davon erzählen, wie es war, als die Mauer zum Angriffsziel der Briten wurde. Damals war Krieg. Heute – gut 70 Jahre später – sind sich Briten und Deutsche einig, dass so etwas nie wieder passieren darf.

Ludger Harder kennt das Bauwerk wie kaum ein anderer. Ihm entgeht nicht die geringste Veränderung. Seit mehr als 20 Jahren ist er Betriebsleiter hier, und damit verantwortlich für die Sicherheit der Staumauer. „Je langsamer es tropft, umso besser, denn dann fließt relativ wenig Wasser durch das Bauwerk. Je schneller es tropft, oder wenn es denn anfängt zu fließen, dann muss man schon mehr Acht darauf geben, wie viel Sickerwasser gibt es, wie dicht ist denn das Bauwerk, und wie verformt sich das Bauwerk, das ist eine weitere Kerngröße, die man eben berücksichtigen muss, die muss man jederzeit im Auge haben." [1]

37 Meter hoch, 650 Meter lang, 3 Meter tief in den Felsen hineingebaut – allein durch ihre Masse hält sie dem gewaltigen Druck stand.

Für die Menschen talabwärts der Mauer bedeutete der Bau der Talsperre Schutz und Sicherheit. Endlich war es möglich, das Wasser so zu regulieren, wie man es brauchte. Unvorstellbar heute die Zustände, die bis dahin im Möhne- und Ruhrtal herrschten, in den Jahren vor dem Ersten Weltkrieg. Die Schmelzwasser aus dem Sauerland führten damals immer wieder zu katastrophalen Überschwemmungen. In den Sommermonaten herrschte in Hitzejahren dagegen Wassernot.

FLUCH UND SEGEN

Monumentales Bauwerk: die Möhnetalsperre

Hochwasser in Bochum-Dahlhausen, 1925

Hochwasser in Delecke, 1909

Abwasserbeseitigung in Menden, 1926

Entleerung einer Jauchegrube in die Ruhr bei Hagen

Die Städte wuchsen rasant und die Probleme der Bevölkerung wurden drängender. „Zur damaligen Zeit waren die Zustände im Ruhrgebiet mit Typhusepidemien und anderen Seuchen aufgrund des Wassermangels unerträglich. Durch die Entwicklung der Industrie im Ruhrgebiet hat sich ein enormer Wasserbedarf für die Bevölkerung ergeben, und das konnte man mit dem kleinen Fluss Ruhr gar nicht bewältigen." [1]

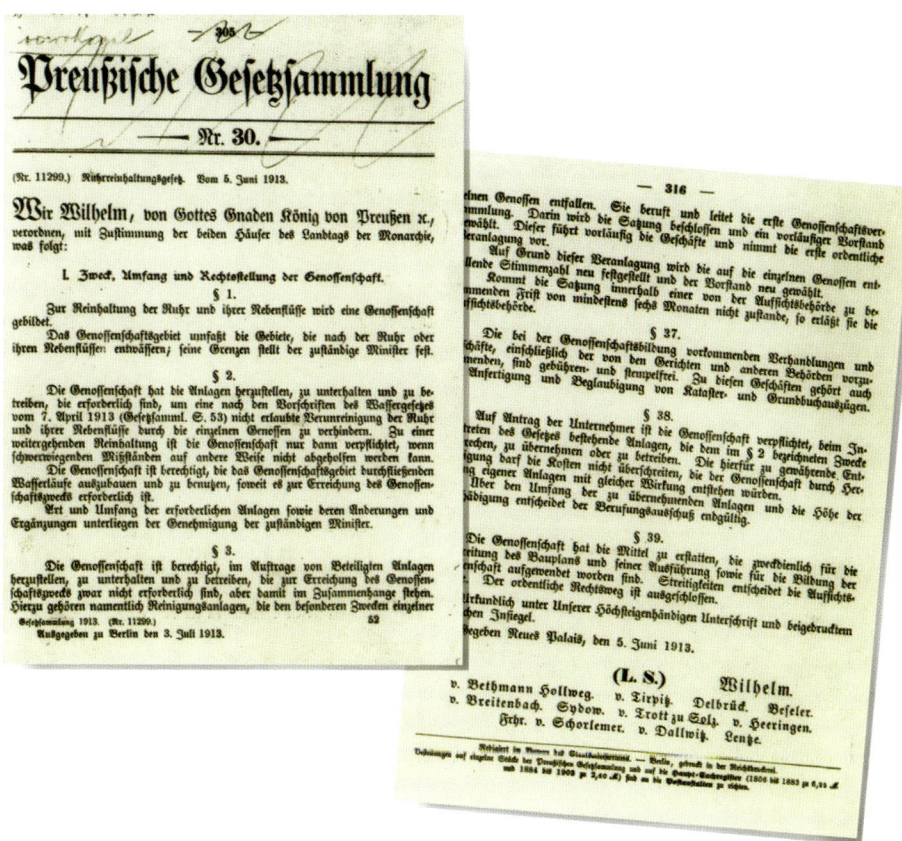

Das Ruhrreinhaltungsgesetz von 1913 schuf die Rechtsgrundlage für die Abwasserreinigung an der Ruhr. Verantwortlich für die Umsetzung war der neu geschaffene Ruhrverband.

Der Bau von Talsperren sollte Abhilfe schaffen. 1899 gründete sich der Ruhrtalsperrenverein. Er hatte sich das Ziel gesetzt, das Ruhrgebiet mit ausreichend Wasser zu versorgen. Allein in den Jahren 1901–1904 wurden sieben Talsperren im Oberlauf der Ruhr gebaut. Für den durstigen Ballungsraum allenfalls ein Tropfen auf den heißen Stein. Im Ruhrgebiet entstanden hundert kleinere Wasserwerke. Industrie und Städte gruben sich damit gegenseitig das vorhandene Wasser ab. Allein die Schwerindustrie verschlang Unmengen von Wasser – zur Herstellung einer Tonne Stahl wurden 600 Liter Wasser benötigt. Um ihre Produktion zu sichern, bauten einige Unternehmen eigene Wasserwerke und schöpften das Grundwasser ab. Dieses Wasser fehlte dann den Städten. „Es herrschten damals schon dramatische Zustände, denn es war ein Kampf um das Wasser – Wasser zum Gebrauch und Wasser zum Verbrauch. Und dieser Bedarf war eben durch die dort vorhandenen Flüsse Emscher und Lippe nicht gegeben." [2]

Der Ruhrtalsperrenverein wagte sich an seine erste eigene Talsperre – viel größer als alle bisherigen Talsperren zusammen. Dort, wo im Sauerland die kleine Heve in die größere Möhne mündete, wurde der gigantische Wasserspeicher gebaut. Die zwei Zuflüsse garantierten Wasserreichtum. Und die Möhne mündet in die Ruhr – ideale Bedingungen.

Professor Jürgen Köngeter ist fasziniert von den Plänen der alten Talsperren. Ihr Kennzeichen: ein mächtiger Keil aus Geröll an der Seeseite der Mauer – bei dieser Größe Garant für die Standsicherheit.

„Die Möhnetalsperre ist ja letzten Endes vom Bauwerk her, von der Größe her mit Sicherheit der Gipfel gewesen. Und alles war reine Handarbeit, denn wir kannten zu jener Zeit zwar ein bisschen mechanische Hilfe, aber maschinelle Unterstützung gab es gar nicht." [2]

Jürgen Köngeter

GRÖSSTE BAUSTELLE EUROPAS

Am 27. August 1909 begannen im Möhnetal die Felsarbeiten. Es war damals die größte Baustelle Europas. Insgesamt 270 Tausend Kubikmeter Fels mussten für die Staumauer aus Bruchsteinen herangeschafft werden. „Die Steine kamen aus einem Tal etwas südlich von hier in der Gegend um Sundern, das ist ein kleiner Ort im Sauerland. Dort hat man große Steinbrüche erschlossen und dann alles mit einer eigens für diese Baumaßname gelegten Kleinbahn auf Loren hierhin geschafft. Hier gab es einen kleinen Verschiebebahnhof, an dem die ganzen Steine abgeladen wurden." [1]

Tausende von Arbeitern wurden benötigt. Doch im dünn besiedelten Sauerland waren die nicht zu bekommen. Außerdem fehlten Spezialisten. „Erste Wahl waren italienische Baufacharbeiter, das war auch nicht ungewöhnlich. Gerade im Kaiserreich, das man ja aus heutiger Perspektive durchaus als Migrantengesellschaft wahrnehmen kann – wir haben ja im Ruhrgebiet polnische Bergarbeiter gehabt und dann eben auch italienische Baufacharbeiter –, waren diese Leute wirklich willkommen. Das waren ausgewiesenen Spezialisten, die haben ja nicht nur Talsperren, sondern z. B. auch Denkmäler hochgezogen, wie einige der bekannten Bismarcktürme im Ruhrgebiet." [3]

Die Baustelle wurde rasch ein viel bestauntes Ausflugsziel – italienische Lebensart inklusive. „Das ehemalige Seehofgebäude am See, das war die Werkskantine,

Bau der Möhnetalsperre, 1910

Die Steine für den Bau der Möhnetalsperre wurden mittels Loren auf einer Kleinbahn transportiert

Möhnetalsperre
Ansicht der Sperrmauer gegen Ende des Jahres 1911

Abdeckung der Sperrmauer, Herbst 1910   Ansicht der Sperrmauer, Ende 1911

Restaurant E. Marafante

Blick vom Restaurant Marafante auf die im Bau
begriffene Sperrmauer der Möhnetalsperre
(Stauinhalt 130 Millionen cbm.)

Beliebter Aussichtspunkt auf die Baustelle: das Restaurant Marafante

die hieß damals Marafante, und dieser Name lässt darauf schließen, dass diese Werkskantine von einem Italiener betrieben worden ist. Die Italiener haben sich also an der einen oder anderen Stelle schon auch einen Namen gemacht und waren eben sehr präsent beim Bau der Talsperre." [1]

Die Staumauer war nach nur vier Jahren Bauzeit fertig, und damit ein Jahr vor dem vertraglich festgelegten Termin. Mit ihr ging die Ära der gigantischen Bruchsteinmauern zu Ende. Silvester 1912 feierten die Herren des Ruhrtalsperrenvereins und der Industrie sich und die Talsperre. „Das waren die Gewinner. Die Verlierer waren natürlich die Anwohner im Möhnetal, die ihre Häuser aufgeben mussten. Teilweise wurden sie zwangsenteignet, teilweise entschädigt, auch minderentschädigt ..." [3]

Ludger Harder

„Es hat mehrere Ortschaften gegeben, kleinere Ortschaften im Möhnesee mit etwa 700 Einwohnern, die mit dem Tal verbunden waren und das sehr, sehr bedauert haben, dass ihre Grundstücke überspült und überflutet, überstaut wurden. Im Rückblick muss man eben auch immer sagen: Es gibt bei solchen Mammutprojekten immer auch Verlierer." [1]

Einweihung der Möhnetalsperre am 12. Juli 1913

Ausflugsziel Möhnesee in den 1920er Jahren

Sommerfrische am Stausee

Wintervergnügen beim Eisfest

Stausee-Erlebnis mit Volksfestambiente

Damals versank im Tal eine gut funktionierende bäuerliche Gesellschaft. Häuser und Höfe von 700 Menschen wurden geflutet. Das Dorf Kettlersteich verschwand. Es dauerte acht Monate, bis der zehn Kilometer lange See vollgelaufen war. Einer der größten Stauseen Deutschlands war entstanden. Mythen und Legenden ranken sich um die versunkene Welt, von der kein Zeuge mehr berichten kann. Manchmal noch suchen Taucher nach Überresten der vor hundert Jahren untergegangenen Welt. Doch sie finden nur ein paar verfallene Fundamente der Höfe und Mühlen, die hier einst standen, und die Abbruchkante eines alten Steinbruchs. Selten, nur bei großer Trockenheit, gibt der See die alte Talbrücke frei.

Auswärtige Besucher aber wussten den Stausee sehr bald zu schätzen. Bereits in den 1920er Jahren war der Möhnesee ein beliebtes Ausflugsziel. Man ließ sich über den See schippern, besuchte das Marafante, nun ein nobles Ausflugslokal. Bald schien es so, als ob der See schon immer dagewesen wäre – friedlich und heiter, als könnte es immer so bleiben …

Deutsch-englische Zusammenarbeit: der Derwent Dam

DER ENGLISCHE ZWILLING

700 Kilometer entfernt von der Möhne, im englischen Derbyshire, findet sich eine Staumauer, die der Möhne-Staumauer verblüffend ähnlich sieht. Tatsächlich ist der Derwent Dam, der die Bevölkerung im nahe gelegenen Sheffield mit Trinkwasser versorgt, eine Art Zwilling. Die Ähnlichkeit ist schnell erklärt: Bereits bei seiner Planung um 1902 tauschten sich englische und deutsche Ingenieure aus über die Konstruktion des Dammes.

Vic Hallams Großvater war einer der Ingenieure des Derwent Dam, und Vic – selbst Wasserbau-Ingenieur – hat die Geschichte der beiden Dämme genau studiert.

> „Im Archiv haben wir Pläne des Möhnedamms. Deutsche Ingenieure empfahlen, den Neigungswinkel unseres Damms zu ändern, weil sie die Mauer als unsicher erachteten. Diese Einwände wurden Vorbild für viele Talsperren. Sie sind also gewissermaßen Zwillinge. Die traurige Ironie ist, dass dies leider auch eine Rolle bei der Zerstörung einer der beiden spielte. Sehr traurig, nach all den Anstrengungen, sie gemeinsam zu bauen." [4]

Das Elektrizitätswerk unterhalb der
Staumauer

Künstliche Tannenbäume sollten die Flugabwehrgeschütze verbergen

Nach Hitlers Machtergreifung Anfang 1933 standen die Zeichen bald auf Krieg.
Deutschland rüstete auf. Im Ruhrgebiet lief die Waffenproduktion auf Hochtou-
ren. Dabei waren die Stahlfabriken auf das Wasser der Ruhrtalsperren angewiesen. Das wussten auch die Briten. Bereits 1935 prüften sie mögliche Angriffsziele
für den Fall eines Luftkrieges mit dem Dritten Reich. Und schon in dieser Phase
geriet die Möhnetalsperre ins Visier der Militärstrategen. Der Hagener Historiker Ralf Blank hat sich intensiv mit dem britischen „Ruhrplan" beschäftigt. „In
diesem Ruhrplan war die Bombardierung verschiedener Elektrizitätswerke vorgesehen. Unter anderem auch das Elektrizitätswerk unterhalb der Staumauer der
Möhnetalsperre, das man allerdings von britischer Seite überschätzt hat. Da ver-
mutete man eines der wichtigsten Elektrizitätswerke im gesamten Ruhrgebiet.
Was de facto nicht der Fall war, die lagen entlang der Ruhr oder auch im Bereich
der Lippe als Kohlekraftwerke. Die waren also wesentlich bedeutender als das
relativ kleine Kraftwerk unterhalb der Talsperre." [3]

Noch effektiver schien den Briten die Zerstörung der Wasserversorgung des
Ruhrgebietes, um die deutsche Waffenproduktion empfindlich zu treffen. So blieb
die Möhnetalsperre im Visier. Einen Koloss von dieser Größe zu sprengen schien
nach dem damaligen Stand der Waffentechnik jedoch unmöglich. Ausgerechnet
das aber hatte sich der begnadete englische Tüftler und Ingenieur Barnes Wallis
in den Kopf gesetzt.

DIE HÜPFENDE BOMBE

Unmittelbar nach Kriegsbeginn fotografierten Aufklärungsflugzeuge aus großer Höhe die Abwehranlagen an der Möhne. Tatsächlich war die Talsperre hervorragend geschützt: Zwei Sperrnetze waren auf der Seeseite im Wasser aufgespannt. Für Torpedos gab es kein Durchkommen. Auf der Mauer lagen Flugabwehrgeschütze, getarnt hinter künstlichen Tannenbäumen.

Hubert Köhler war damals ein Schuljunge und lebte in Günne am Fuße der Staumauer: „Wir fühlten uns sicher, das Leben war angenehm, so wie ich das als Kind empfunden habe. Krieg, ja man hörte davon … Uns ist gar nicht bewusst gewesen, dass irgendwie mal was stattfinden könnte, dass man die Mauer zerbomben könnte, so ein Bauwerk schien unzerstörbar."

Doch Barnes Wallis arbeitete weiter an seinem Ziel. Er ließ die Möhnetalsperre im Modell nachbauen. Immer und immer wieder unternahm er daran Sprengversuche: Die Mauer hielt stand. Nur eine Zehn-Tonnen-Bombe hätte die nötige Sprengkraft, um die gewaltige Mauer zu zerstören, doch kein Flugzeug konnte damals eine solche Last transportieren. Aber dann fanden sie heraus, dass eine viel kleinere Bombe genügte, wenn sie direkt an der Staumauer unter Wasser explodierte.

Wie aber sollte eine solche Bombe die deutschen Torpedonetze überwinden?

Das Spiel seiner Kinder brachte Wallis auf die Idee: Was wäre, wenn die Bombe über die Netze hüpfen könnte …? Wallis experimentierte in seinem Garten mit den Murmeln seiner Kinder. Immer und immer wieder ließ er sie springen und kam zu dem Ergebnis: Es kann funktionieren. Die „bouncing bomb" war erfunden – die hüpfende Bombe.

> „Ihm wurde klar, wenn er eine Bombe über das Wasser hüpfen ließe, bis zur Mauer, würde sie daran hochrollen und dann langsam herabsinken. Und so könnte eine Fünf-Tonnen-Bombe – zusammen mit dem Druck des Wassers, der auf der Mauer liegt – die Mauer brechen. Er machte erfolgreiche Tests in Wales an einem kleineren Damm und erhielt schließlich die Order, den Plan auszuführen." [4]

Unter strengster Geheimhaltung wurde die bouncing bomb getestet. Als eine der größten Schwierigkeiten erwies sich die präzise Platzierung der Bombe. Sie durfte auf keinen Fall zu früh im Wasser versinken, aber auch nicht über die Dammkrone hinweg springen. Hier kam der englische Zwilling der Möhne – der Derwent Dam – ins Spiel. Er war der perfekte Übungsort.

Barnes Wallis bei Versuchen im eigenen Garten

Konstrukteur der „Rollbombe", die die Staumauer der Möhnetalsperre zerstörte: Barnes Wallis

Im März 1943 wurde die 617. Flieger-Staffel unter Oberstleutnant Guy Gibson gegründet. Es sollte die Geburtsstunde einer Legende sein. Ihre Aufgabe: Den kompletten Anflug bis zur Möhnetalsperre im Tiefflug zu schaffen. Nachts, unter dem deutschen Radar hinweg, knapp über Hochspannungsleitungen und Kirchtürmen, vorbei an der deutschen Flugabwehr, in kaum 50 Metern Höhe! Das war noch nie versucht worden. „Guy Gibson flog hier bei Tageslicht in 50 Metern Höhe, kehrte zum Stützpunkt zurück und sagte: ‚Das ist leicht.' ‚Okay', sagten sie, ‚und morgen versuchst Du das mal bei Nacht.' Er kam also mit einem seiner Piloten. Der Industriequalm von Manchester und Sheffield hing im Tal. Es war dunkel, das Wasser schwarz. Fast wäre er abgestürzt. Und er sagte: ‚Nein, das ist nicht leicht.' Und das war es dann ja auch nicht." [4]

Unter nahezu identischen Bedingungen übten die Piloten im engen Derwent-Tal den schwierigen Anflug auf die Staumauer. In nur sechs Wochen absolvierten sie über 1.000 Flugstunden. Ihr größtes Problem: die Bombe zum richtigen Zeitpunkt abzuwerfen. „Dafür wurde eine Zielvorrichtung konstruiert, die den Abstand zum Damm messen konnte. In dem Moment, in dem die Türme auf dem Damm hinter diesen beiden Stäben verschwinden, klinkt der Pilot die Bombe aus. Simpel, aber effektiv." [4]

Doch nicht allein die Distanz zur Mauer musste stimmen – auch die exakte Abwurfhöhe von 20 Metern war entscheidend. „Die Schwierigkeit war, genau diese Höhe zu erreichen. Die Lancaster-Flugzeuge hatten keinen zuverlässigen Höhenmesser für Flüge über Wasser. Also entwickelten sie eine Alternative: Zwei

Scheinwerfer unter dem Flugzeug leuchteten auf das Wasser, wenn sich die Licht-kegel zu einer Acht verbanden, waren es 20 Meter. Der Navigator musste die bei-den Lichtkegel beobachten. Er rief immer: ‚Runter! Runter! Runter!‘, bis die Acht zu sehen war." [4]

Die Vorbereitungen liefen unter absoluter Geheimhaltung ab. Noch immer wussten die Piloten nicht, für welches Ziel sie trainierten. Auf gar keinen Fall durften die Deutschen davon erfahren. „Operation Chastice" (Züchtigung) nann-ten die Briten ihren Plan.

EINE WOLKENLOSE VOLLMONDNACHT

Hanna Kampschulte war damals 16 Jahre alt. Der Vater war im Krieg, die Mut-ter mit den Kindern zu Hause in Wickede an der Ruhr. „Meine Mutter hatte im-mer Angst, dass die die Möhne treffen. Sie sagte immer, wenn die Möhne getrof-fen wird, müssen wir alle ertrinken. Ich sagte: ‚Ach das stimmt doch gar nicht – was soll das bisschen Wasser, das kommt doch nicht bis hier.‘ Aber meine Mutter hatte da so eine Ahnung." [6]

Doch an der Mauer selbst fühlte man sich nach wie vor sicher. Viel zu sicher. „Wir hatten ja hier vor dem Angriff verschiedene Flakgeschütze stationiert. Und einige Tage vor dem Angriff sind einige abgezogen worden, sodass wir hier, als der Angriff stattfand, nur noch insgesamt sechs Flakgeschütze hier hatten." [5]

Damit der Angriff gelingen konnte, musste er bei guter Sicht stattfinden – in einer wolkenlosen Vollmondnacht. Vorausgesagt war das für die Nacht vom 16. auf den 17. Mai 1943. Erst wenige Stunden vor ihrem Einsatz erfuhren Guy Gibson und seine Crew das Ziel ihres Angriffs. Außer der Möhnetalsperre soll-ten fünf weitere deutsche Talsperren zerstört werden: die Sorpetalsperre, die Listertalsperre, die Ennepetalsperre, die Diemeltalsperre und die Edertalsperre.

Die Wettervorhersage traf exakt zu. Der damals elfjährige Hubert Köhler erin-nert sich: „Der 16. Mai 1943 war wie ein schöner Sommertag." Und Hanna Kamp-schulte beschreibt die Ahnungslosigkeit der Anwohner: „Meine Großmutter wohnte ja auch da, und da waren noch Kinder und Enkel hier, die im Ort wohn-ten, die kamen dann alle zu uns zum Kaffee. Wir haben noch schön zusammen gesessen. Keiner hat an so etwas in der Nacht gedacht."

Auf der Royal Airbase in Scampton machten sich an jenem Abend 133 Män-ner der 617. Staffel startklar. 19 Maschinen hoben in drei Gruppen ab. Vor ihnen lag ein gefährlicher Tiefflug über feindliches Gebiet, Richtung Sauerland.

Aus dem Loch in der gesprengten Staumauer ergossen sich gewaltige Wassermassen.

Im Ort Günne unterhalb der Möhnetalsperre hatte sich an jenem Abend Hubert Köhler auf den Weg zu seinem Vater gemacht. Es sollte sein letzter Besuch im alten Elektrizitätswerk am Fuß der Staumauer sein. „Mein Vater war in dem Kraftwerk beschäftigt und hatte einen Zwölf-Stunden-Dienst von Sonntagabend 18 Uhr bis Montagmorgen 6 Uhr. Und da er ja zwölf Stunden Dienst hatte, habe ich ihm dann so gegen 19.30 / 20 Uhr in einem Henkelmann das Essen zum Kraftwerk gebracht. Und es war ganz normal, so wie sonst auch. Man hat sich dann verabschiedet, und an diesem Abend bin ich wie gewöhnlich nach Hause und zu Bett gegangen." [5]

Drei Stunden später überflogen die ersten Flugzeuge der 617. Staffel die Holländische Küste. Nicht alle Maschinen erreichten ihr Ziel: Zwei Bombern wurden Stromleitungen zum Verhängnis, sie stürzten ab. Eine wurde abgeschossen und zwei weitere mussten umkehren. Kurz vor Mitternacht schließlich erreichten fünf britische Maschinen die Möhnetalsperre.

Luftbild von der zerstörten Staumauer der Möhnetalsperre

Hubert Köhler

„Ich kann mich noch gut entsinnen, dass mich meine Mutter in der Nacht ganz aufgeregt geweckt hat und sagte: ‚Steh auf, die greifen die Sperrmauer an.‘ Und in diesem Moment habe ich es auch selber schon gehört – die Flugzeuge, das Schießen der Flak und auch die Bordkanonen der zurückschießenden Flugzeuge. Die größte Angst aber galt dem Vater. Was ist mit ihm?" [5]

Die ersten drei Bomben verfehlten ihr Ziel, auch die vierte wurde zu spät ausgeklinkt. „Mein Vater hat noch so viel Zeit gehabt, dass er per Telefon – es gab eine Direktleitung zum Umspannwerk in Wehrheim – seinen Kollegen gewarnt hat." [5]

Doch niemand nahm den Anruf ernst. Schlimmer noch: Wegen des Luftalarms eilten die Menschen an Möhne und Ruhr in ihre Keller. „Meine Mutter hat noch aufgepasst, ob sie was hörte. Sie hatte ja diesen Knall gehört und gesagt, dass die bestimmt die Möhne getroffen haben." [6]

Erst die fünfte und damit letzte mögliche Bombe traf die Sperrmauer mit voller Wucht. „Wir sind dann durch den Hinterausgang hinter unser Haus den Berg hoch gegangen, und in dem Moment sahen wir auch, dass das Möhnetal schon fast voll Wasser war." [5]

DIE TÖDLICHE FLUTWELLE

„Das rauschte draußen so komisch und wir haben aus dem Fenster geguckt. Da lief das Wasser schon über die Straße … Schnell wurden die Geschwister geweckt und die Oma mit, und dann sind wir ganz hoch auf den obersten Boden gegangen und haben da gesessen. Das Wasser stieg und stieg immer höher und immer höher, das Wasser kam schon an die Füße." [6]

„Wir konnten sehen, dass schon einige Bäume und auch Hausreste das Möhnetal herunter gespült wurden. Aber trotzdem konnten wir uns von dem Ausmaß der Katastrophe von unserem Standpunkt aus kein Bild machen." [5]

„Die Häuser hatten alle so eine Dachluke, die eigentlich zur Belüftung da war. Hier konnte man sehen, was in der Nachbarschaft geschah. Mein Bruder sagte:

Auf ihrem Weg durch das Ruhrtal hinterließ die Flutwelle eine breite Schneise der Verwüstung.

Hausruine nach der Flutwelle

Verwüstetes Dort Niederense

Zerstörte Eisenbahnwaggons bei Fröndenberg

Geröllwüste vor der Staumauer

‚Bei Meyers ist vorne schon die ganze Wand weg, die sitzen alle da oben.' Da hab ich auch geguckt und die Mutter mit ihren Kindern oben auf dem Dachboden sitzen gesehen. Dann kam eine große Welle, das Haus fiel ineinander und wurde mitgerissen. Wir haben das Fenster zugemacht, uns alle angefasst und auf den Boden gesetzt, und gewartet, bis das wir dran waren. Und plötzlich gab es einen Ruck, man merkte, dass das Haus sich abdrehte, und dann war es auf einmal im Wasser. Da hat keiner den anderen mehr angefasst oder noch gesehen. Es war einfach schlimm." [6]

DIE SCHRECKEN DER FLUTKATASTROPHE

„Man will einfach leben. Man will einfach ... dass man weiter lebt. Man setzt alles daran, um da rauszukommen."

Hanna Kampschulte überlebte als einzige ihrer Familie die Möhnesee-Katastrophe

Doch Hanna Kampschulte schaffte das schier Unmögliche. Sie konnte sich aus dem Dachstuhl des sinkenden Hauses befreien.

„Da entwickelt man plötzlich die Kraft, Dachpfannen hochzudrücken und dann durch so ein kleines Loch da rauszusteigen. Ich habe ja auch noch Sachen da rausgeholt, in der Hoffnung, dass mein Bruder da dran hängt! Aber es hat keiner mehr den Weg dadurch gefunden." [6]

Die meterhohe Flutwelle stürzte durch die Städte des Ruhrtals: durch Wickede, Schwerte, Bochum ... Noch in Essen-Steele ertranken Menschen. Selbst im Duisburger Hafen richtete die Flutwelle Schäden an.

Das alte Elektrizitätswerk war vollständig zerstört. „Am Morgen danach haben wir die Ausmaße gesehen. Wir konnten bis hinüber aufs andere Ufer sehen, im Möhnetal stand kein Haus mehr. Das hat uns schon Angst gemacht." [5]

Hubert Köhlers Vater hatte überlebt – doch die Welt war nicht mehr dieselbe. In der Talsperre klaffte ein Loch von über 70 Metern Breite, und das immer noch auslaufende Wasser folgte einer Spur gewaltiger Zerstörung.

Ganze Straßenzüge waren weggeschwemmt, überall lagen Tote, alles war übersät mit Schutt und Schlamm. 1557 Menschen waren umgekommen – drei Viertel der Opfer waren Zwangsarbeiterinnen aus Osteuropa. In ihren Baracken eingeschlossen, hatten sie keine Chance zu entkommen.

Dass Hanna Kampschulte als einzige ihrer Familie überlebte, grenzt an ein Wunder. Von der riesigen Flutwelle wurde sie kilometerweit ins Tal gerissen. Es war ein Kampf um Leben und Tod. Schließlich bekam sie die Äste einer Weide zu fassen und harrte dort aus bis in die Morgenstunden.

Das Wasser stand damals so hoch wie die Säule des Mahnmals von Wickede heute. Der Vater von Hanna Kampschulte hat es nach dem Krieg errichtet. Als er zwei Tage nach der Katastrophe heimkam, fand er nur noch seine Tochter. „Schlimm, schlimm. Wir sind uns in die Arme gefallen und haben beide geheult." [6]

Die Leichen ihrer Mutter, ihrer Oma und eines Bruders wurden Tage später gefunden und vom Vater identifiziert. Gleich nach der Beerdigung musste er zurück zur Einheit. Die Tochter kam allein zu Verwandten.

„Manchmal muss man einfach hier vorbei fahren, wenn die Zeit da ist, dann wird man unruhig, und man muss sich einfach alles wieder in Erinnerung bringen. Und dann ist es wieder gut, wenn man alles gesehen hat, dass es wieder in Ordnung ist, und es ist schön hier unten." [6]

Die britische Luftaufklärung schickte schon am Tag danach Flugzeuge los. Außer der Möhnetalsperre war auch die Sorpetalsperre getroffen, aber nur beschädigt worden. Die Edertalsperre war ebenfalls zerstört und hatte Tod und Verwüstung bis nach Kassel gebracht.

BLOCKBUSTER „THE DAM BUSTERS"

Die Briten waren begeistert. „Das war natürlich eine mediale Vermarktung ohne gleichen, da gibt es nur wenige vergleichbare Luftangriffe, die ähnlich stark ‚vermarktet' wurden wie diese Operation Züchtigung, wie sie ja auf Deutsch hieß." [3]

In England wurden die Piloten als Helden gefeiert. Sogar das Königspaar besuchte die „Dambusters", wie die 617. Staffel fortan heißen sollte. Es war genau die Art von Nachricht, die die Briten damals dringend nötig hatten. „Ich denke – was jeder sagt: Es hat die Moral enorm gestärkt. Sie dürfen nicht vergessen, dass Großbritannien und die besetzten Länder 1943 ganz unten waren." [4]

Und auch im Nachkriegs-England wurde die Ge-

Der Film „The Dam Busters" wurde zum Kassenschlager

schichte nicht vergessen. Sie hatte alles, was ein großes Drama brauchte. 1954 kam der Film „The Dam Busters" mit Starbesetzung ins Kino, und aus den Dambustern wurde ein Blockbuster. „Durch den Film wurden sie unsterblich. Der Film war ein Erfolg, auch wenn manches fiktiv ist. Alle kennen ihn, er wird immer wieder gezeigt und dann ist alles wieder da." [4]

Und der Mythos lebt fort. In England ist der erfolgreiche Angriff auf die Möhnetalsperre fester Bestandteil der Erinnerungskultur des Zweiten Weltkrieges. Bei jedem runden Jubiläum der Möhnekatastrophe werden die „Dambusters" gefeiert. Rund um den Derwent Dam versammeln sich tausende Besucher, um noch einmal zu sehen, wie eine der letzten beiden fliegenden Lancaster wie einst über die Mauer des Derwent Dam donnert. Die Dambusters sollen George Lucas zu den „Starwars"-Filmen inspiriert haben. Peter Jackson, der Regisseur der „Herr der Ringe-Trilogie", will den Stoff sogar neu verfilmen.

Dabei gerät beinahe in Vergessenheit, dass die „Operation Züchtigung" ihr eigentliches Ziel verfehlte.

Ralf Blank

„Militärisch gesehen, muss man einschränkend sagen, dass sich die Briten erhofft haben, mit der geplanten Zerstörung der Talsperren die gesamte Ruhrindustrie lahmzulegen, sodass alle Räder im Ruhrgebiet stillstehen. Was natürlich eine unsinnige Utopie war. Das ist nicht passiert." [3]

Dennoch, psychologisch war es für die Deutschen ein verheerender Schlag. Nach dem Angriff auf die Möhnetalsperre war allen klar: Jeder Ort in Deutschland war jederzeit verwundbar. Und obwohl die Nazis alles taten, die Nachricht zu bagatellisieren, verbreitete sich die Kunde in Windeseile.

Die Zerstörung der Möhnetalsperre hatte weitere katastrophale Konsequenzen: Bereits eine Woche später flog die britische Luftwaffe einen Angriff auf Dortmund. Die Stadt war den Brandbomben jetzt geradezu wehrlos ausgeliefert. „Da brannten zahllose Häuser ab, weil einfach kaum Wasser da war. Der Wasserdruck war noch nicht so hoch, mit der Folge, dass es kaum Wasser gab, um die Brände zu löschen. Das war eine indirekte Auswirkung der Möhne-Bombardierung, weil die Wasserwerke für Dortmund im Ruhrtal lagen. Und die waren überschwemmt." [3]

„Die Schmach vergessen machen!" war ab sofort kriegswichtig. Die Wiederherstellung der Wasserversorgung des Ruhrgebietes hatte oberste Priorität. Hitler schickte seinen Rüstungsminister Albert Speer unmittelbar nach dem Angriff an die Möhnetalsperre. Er bildete den „Ruhrstab", der die Reparatur- und Prä-

Reichsbauminister Albert Speer besuchte unmittelbar nach dem Angriff die Möhnetalsperre.

Aufräumarbeiten nach den verheerenden Flutschäden

ventionsmaßnahmen im gesamten Ruhrgebiet koordinieren sollte. Tausende von Zwangsarbeitern der Organisation „Todt" wurden dafür eingesetzt, teilweise vom „Atlantikwall" abgezogen.

Und wieder stellte sich die Frage, woher die Steine kommen sollten. „Meines Wissens hat man über die Organisation Todt das Material von allen möglichen Baustellen abgezogen, u. a. von der hier im Bau befindlichen Autobahn, der heutigen A44. Dort waren für Brückenbauwerke entsprechende Steine gelagert. Die hat man innerhalb kürzester Zeit hier ins Bauwerk wieder eingebaut." [1]

Und erneut waren es Italiener, die die Mauer errichteten. Dieses Mal zusammen mit Polen, Russen und Niederländern – als Zwangsarbeiter unter schrecklichen Bedingungen. In nur sechs Wochen stellten sie zunächst die Strom- und Trinkwasserversorgung für das Ruhrgebiet wieder her. „Die Mauer war nachts hell erleuchtet, weil rund um die Uhr gearbeitet wurde. Sobald es Fliegeralarm gab, war die Baustelle dunkel – für uns ein Zeichen, dass wir vorsichtig sein müssen." [5]

Doch die Möhnetalsperre wurde nie wieder angegriffen. Und nur sieben Monate nach ihrer Zerstörung konnte die Talsperre erneut in Betrieb genommen werden. Die Ruhrindustrie wurde wieder mit Wasser versorgt.

Wer genau hinsieht, kann das Bombenloch heute noch erkennen. Ludger Harder weiß, wo: „Wenn man links und rechts zehn Pfeiler abzählt, dann kommen etwas braunere Pfeiler, und wenn man diesen braunen Steinen auf das Mauerwerk nach unten folgt, kann man auch sehr schön die Kontur des Aufbruchs des Mauerwerks von 1943 erkennen."

ZUKUNFTSAUFGABE KLIMAWANDEL

Fliegerangriffe fürchtet man heute an der Möhnetalsperre nicht mehr. Die Welt ist eine andere geworden: Heute muss man über die Möglichkeit terroristischer Anschläge nachdenken. „Wir haben unsere passiven Sicherheitsvorkehrungen wie Alarmanlagen und verschiedene Einrichtungen mit Zugangsbeschränkungen deutlich verbessert. Aber eine absolute Sicherheit gibt es auch für dieses Bauwerk nicht." [1]

Für die allgemeine Sicherheit der Mauer wird alles Menschenmögliche getan: In den 1990er Jahren wurde die Mauer für über 15 Millionen D-Mark komplett saniert.

Doch die Zukunft birgt noch andere Herausforderungen für die Möhnetalsperre. Der Klimawandel wird die Wasserwirtschaft ungleich komplizierter machen: „Es wird sicher schwieriger, es wird Extremsituationen geben, es wird stärkere Hochwässer geben, insbesondere im Winterhalbjahr, es wird längere Trockenphasen im Sommer geben, die insbesondere auch die Möhnetalsperre stärker beanspruchen werden. Es wird auch mal starke Absenkungen im See geben, von durchaus zehn Metern. Das ändert aber nichts daran, dass die Talsperren im Verbund ausreichend groß sind, um die Wasserversorgung sicherstellen zu können." [1]

Die Hauptaufgabe der Möhnetalsperre wird es immer bleiben, die Menschen des Ruhrgebietes ausreichend mit Trinkwasser zu versorgen.

Längst ist der See wieder ein beliebtes Freizeitparadies, aber auch wertvolles Naturschutzgebiet. Seit das Wasser wieder sauberer ist, gedeihen hier sogar kapitale Raubfische wie Hecht oder Zander. Die Fischereimeister des Ruhrverbandes züchten im Möhnesee auch Fische für die anderen Talsperren.

Einmal im Jahr aber wird der Toten der Katastrophennacht von 1943 gedacht. Seit Jahren kommen dazu auch Besucher aus England. Ein Innehalten wider das Vergessen und ein Beten, dass sich solches nie wiederholen möge.

Seit hundert Jahren ist sie schon da: Die Möhnetalsperre. Ein kühnes Bauwerk, von Menschenhand errichtet – und doch eingefügt in die Landschaft, als müsse es so sein. „Für mich war sie immer da. Für mich ist es so: Die Mauer gehört hierhin, wie ich auch hierhin gehöre." [5]

„100 Jahre sind eine gute Zeit, bei Wasserbauwerken rechnet man heute so mit 80 Jahren Standzeit. Jetzt ist die Möhne schon 100 Jahre alt geworden, und wir hoffen, dass wir sie mit den Ertüchtigungen in den letzten Jahren auch noch 100 weitere Jahre erhalten können." [1]

Idylle Möhnesee: Als bedeutendes Naherholungsgebiet ist er heute Landschaftserlebnis und Freizeitoase

Quellen:

1 Ludger Harder, Betriebsleiter der Möhnetalsperre, Ruhrverband
2 Prof. Jürgen Köngeter, Spezialist für Wasserbau und Wasserwirtschaft
3 Ralf Blank, Historiker, Ruhr-Universität Bochum
4 Vic Hallam, Derwent Dam Museum, sein Großvater war einer der Ingenieure
   des Derwent Dam
5 Hubert Köhler, sein Vater arbeitete im Kraftwerk der Möhnetalsperre
6 Hanna Kampschulte, wohnte in Wickede an der Ruhr, 20 Kilometer entfernt von der
   Staumauer. Sie überlebte als einzige ihrer Familie die Möhnesee-Katastrophe.

NÜRBURGRING

NÜRBURGRING

Es ist einer der gefährlichsten Orte Deutschlands. Eine ganze Region lebt davon. 28 Kilometer Asphalt – von Händen erbaut. Eine alte Burg wurde als Namensgeberin weltberühmt. Die Asphaltdecke rettete einer Familie im Krieg das Leben. Andere jedoch haben hier den Tod gefunden.

Sobald im März die Saison beginnt, wird die längste Rennstrecke der Welt jeden Tag zum Ziel von Autofahrern. Knapp 21 Kilometer schlängelt sich die Nordschleife über Berge und durch Täler, überwindet bis zu 300 Meter Höhenunterschied – so viel wie keine andere Rennstrecke. „Die Gefahren sind: Man fährt von der Box hinaus in die Natur, man ist weit weg von der Box, quasi alleine. Und dann diese Belagwechsel, und die unterschiedlichen Streckenabschnitte: Es kann oben Sonne sein, unten Regen, also die volle Palette an Möglichkeiten und damit an Risiken und Gefahren." [1]

Die Namen der Streckenabschnitte sind eng mit der Geschichte der Region verbunden: Karussell, Brünnchen, Galgenkopf, Fuchsröhre oder Schwalbenschwanz.

Der Abschnitt Schwedenkreuz erinnert an einen mysteriösen Todesfall: Während des Dreißigjährigen Krieges wurde hier der Adenauer Steuereintreiber von schwedischen Soldaten beraubt und erschlagen. Einheimische erzählen, dass bis heute sein Geist hier sein Unwesen treiben soll.

Generationen von Rennfahrern haben versucht, die „Grüne Hölle" mit ihren 33 Links- und 40 Rechtskurven zu meistern. Waltraud Stöhr-Odenthal ist eine von ihnen: „Die Nordschleife selber habe ich in- und auswendig gelernt, ich habe abends im Bett gelegen, die Strecke Stück für Stück auf einem Blatt Papier nachgezeichnet und mir dabei jeden Punkt gemerkt." [1]

Niki Lauda weiß aus Erfahrung: „Wenn du einen Fahrfehler gemacht hast, dann bist du in den Busch geflogen, irgendwo in den Wald hinunter, und bist verschwunden im wahrsten Sinne des Wortes. Da kannst du nur hoffen, dass dich einer gesehen hat, dass er dich dann da unten aus dem Wald wieder herausholt." [2]

MYTHOS RENNSTRECKE

Bei der Eröffnung des Nürburgrings am 18./19. Juni 1927 siegte Christian Werner in seinem Mercedes-Benz in der Kategorie Rennwagen.

DIE SCHWIERIGSTE RENNSTRECKE DER WELT

„Der Nürburgring war unglaublich gefährlich. Ich glaube, ich war der einzige Mensch, der da eine Runde unter sieben Minuten hingeknallt hat. Als ich über die Ziellinie gefahren bin, habe ich zu mir selber gesagt: Das machst du nie mehr wieder! So ein Risiko eingehen, so an der Kante fahren."

Niki Lauda

Für die Region ist der Ring von Beginn an die wichtigste Einnahmequelle. Die Menschen, die direkt an der Strecke wohnen, kennen kein Leben ohne den Nürburgring. „Der Winter ist sehr lang. Und dann ist es so spannend, wenn es hier wieder losgeht, wenn die Motorengeräusche wieder kommen. Dem fiebert man richtig entgegen. Man braucht dieses Geräusch, man braucht den Sound, man braucht die Menschen, die da immer kommen." [3]

Ob Formel 1, Eifelrennen, 24-Stunden-Rennen oder Oldtimer-Grand-Prix – bis zu 100.000 Besucher strömen zu den großen Rennen. Bis heute werden hier Titel gewonnen – auf der traditionsreichen Nordschleife oder auf der neueren Grand-Prix-Strecke.

AUFBAUHELFER MOTORSPORT

Anfang des 20. Jahrhunderts war der Landkreis Adenau der ärmste Kreis im Deutschen Reich. Wer konnte, verließ die Region und wanderte in die größeren Städte an Rhein, Main oder Ruhr ab. Auch der von der preußischen Regierung gegründete „Eifelfonds", der mit jährlich 300.000 Reichsmark Ackerbau und Viehzucht fördern sollte, brachte kaum Besserung. „Der geprägte Name für die

Der Marktplatz in Adenau

Region war ‚Preußens Sibirien'. Und der bestand auch zu recht. Es gab ja schon damals überhaupt keine Industrie hier, auch die Landwirtschaft war mehr als dürftig, die Felder gaben kaum etwas her. Der einzige Reichtum, den die Leute hier hatten, war der Kindersegen, aber die dürftigen Bauernhöfe konnten die Familien einfach nicht ernähren." [4]

Nürburg und Hohe Acht

Bauernhäuser in Reifferscheid

KAISER PREIS RENNEN 1907

Vorläufer der „Eifelrennen": 1907 fand das „Kaiserpreisrennen" im Taunus auf Anweisung von Kaiser Wilhelm II. statt.

Zur selben Zeit in einer anderen Welt. In Frankreich und England fanden erste Automobil-Wettfahrten statt, meist auf öffentlichen Straßen, denn eigene Rennstrecken gab es kaum.

Kaiser Wilhelm II. war einer der größten Motorsportfans. 1907 rief er im Taunus das „Kaiserpreisrennen" ins Leben, um die Leistungsfähigkeit der deutschen Fahrzeuge zu demonstrieren. Als aber ein italienischer Fiat das Rennen gewann, forderte der Kaiser eine eigene Strecke für die deutsche Industrie. Doch der Erste Weltkrieg machte diese Pläne erst einmal zunichte.

1921 wurde dann in der Hauptstadt Berlin die erste deutsche Rennstrecke eröffnet: die Automobil-, Verkehrs- und Übungsstraße AVUS. Aber die AVUS war völlig flach und hatte nur wenige Kurven – um die Überlegenheit deutscher Autos zu demonstrieren, brauchte es eine Strecke mit ganz anderen Anforderungen.

Impressionen von den „Eifelrennen" 1926 (Bild o.)
und 1925 (Bildleiste r.)

Schon der Kaiser hatte die Eifel als geeigneten Ort ins Gespräch gebracht. Mit
ihren Bergen und Tälern schien sie wie
geschaffen für eine Rennstrecke. Auf den
Landstraßen bei Nideggen fand bereits
jährlich die „Eifelrundfahrt" statt. 1925
gab es auch ein Rennen rund um die
Kreisstadt Adenau. „Das wurde ganz
schnell abgeblasen, weil es viel zu gefährlich war. Gefährlich für Kinder, für Hüh-
ner, für Kühe, für alles, was üblicherweise
auf den Straßen lief." [5]

Der Adenauer Landrat Dr. Otto Creutz
erkannte als einer der ersten, dass im
Rennsport die Chance liegen könnte, um
den Menschen in seinem Landkreis Arbeit zu geben. Auf der Gründungsver-
sammlung des ADAC-Ortsvereins trug

Dr. Otto Creutz war von 1924 bis 1932
Landrat in Adenau.

er seine Vision vor. Die Tochter von Otto Creutz, Gisela Herbstrith, erinnert sich „Und dann hat eben mein Vater gesagt: Es muss eine Rennstrecke sein, die vom Verkehr völlig abgeschieden ist, damit man auch wirklich fahren kann. Und dann sagten alle: Ja, wunderbar, aber wer soll das bezahlen? Da ging's ums Geld, es war ja nix da."

Rund zwei Millionen Reichsmark benötigte Creutz als Startkapital. Er nutzte Kontakte zum Wohlfahrtsministerium in Berlin, wo er früher gearbeitet hatte. Creutz plante eine gigantische Rennstrecke, rund um die Nürburg. Insgesamt 28 Kilometer lang, mit einer langen Nord- und einer kürzeren Südschleife. Karl-Heinz Korden, der später als Abschnittsleiter und Ordner am Ring beschäftigt war, beschreibt die damalige Stimmungslage: „Natürlich gab's auch Gegner, die sagten: Hier wird unsere Landschaft verschandelt, unsere Landwirtschaft wird davon beeinträchtigt. Aber die Befürworter waren doch in der Mehrzahl, dass man also sagte: Na ja, wir sind darauf angewiesen, damit man mal endlich mal satt wird."

Am 1. Juli 1925 begann der Bau der „Ersten Deutschen Gebirgs-, Renn- und Prüfungsstraße". Der preußische Staat zahlte dafür mehrere Millionen Reichsmark. Dadurch konnten fast dreitausend Menschen beschäftigt werden. „Das

Bau eines Streckenpfostens (l.). Darin gab es einen Telefonapparat für die Streckenbeobachter.

Der Bau des Nürburgrings war zum größten Teil Handarbeit.

waren ja nicht nur Leute aus der Region, die kamen aus dem Ruhrgebiet, die kamen ja von überall her. Die wohnten in den Baracken, es gab nichts anderes. Es gab doch keine Hotels." [5]

Der Bau war die bis dahin größte Arbeitsbeschaffungsmaßnahme des Deutschen Reiches. Um möglichst viele Menschen in Lohn und Brot zu bringen, wurden viele Arbeiten von Hand gemacht. Die Arbeiter stellten alle fünfhundert Meter Streckenpfosten mit wasserdichten Steckdosen auf, an denen tragbare Fernsprecher angeschlossen werden konnten. 45 Kilometer Kabel wurden für dieses Telefonnetz verlegt.

Um bei der Autoindustrie zu werben, zeigten die Väter des Rings auf der Berliner Automobilausstellung ein Modell ihrer Rennstrecke. Der Rundkurs bekam übrigens erst durch ein Preisausschreiben seinen Namen: Nürburgring. Von nun an stand eine mittelalterliche Ruine für eine der modernsten Rennstrecken der Welt.

Die Adenauer Delegation mit Dr. Otto Creutz (2.v.l.) und dem Architekten Gustav Eichler (3.v.l.) präsentiert auf der Berliner Automobilausstellung das Modell des Nürburgrings.

Hedwig Creutz, die Ehefrau des Landrats Dr. Otto Creutz, vor der Premierefahrt

EINE FRAU FUHR ZUERST ÜBER DEN RING

Nach weniger als zwei Jahren war der Ring fertig. Gisela Herbstrith war bei der Eröffnung im Juni 1927 fünf Jahre alt: „Ich weiß nur, dass unendlich viele Autos durch Adenau fuhren, so was hatte ich noch nie gesehen. Ich klebte also praktisch mit der Nase am Fenster dran und hab geguckt, was da alles los war."

Die Zufahrtstraßen waren hoffnungslos überlastet. 85.000 Besucher kamen zum Eröffnungswochenende. Eine besondere Aufgabe übernahm Hedwig Creutz, die Ehefrau des Landrats. Nach ihr ist heute ein Streckenabschnitt benannt.

Gisela Herbstrith

„Sie fuhr bei der Eröffnung den Eröffnungswagen, in dem die Minister saßen. Sie war 31 und hatte schon zwei Jahre den Führerschein. Das hat man schon als etwas Außergewöhnliches betrachtet: eine Frau am Steuer, die über den Ring fährt, und dann mit so wertvollen Gästen im Auto." [5]

Rudolf Caracciola siegte im Eröffnungsrennen auf Mercedes-Benz in der Kategorie Sportwagen.

Viel Trubel in Adenau

Vorderste Startreihe des ersten Sportwagenrennens 1927

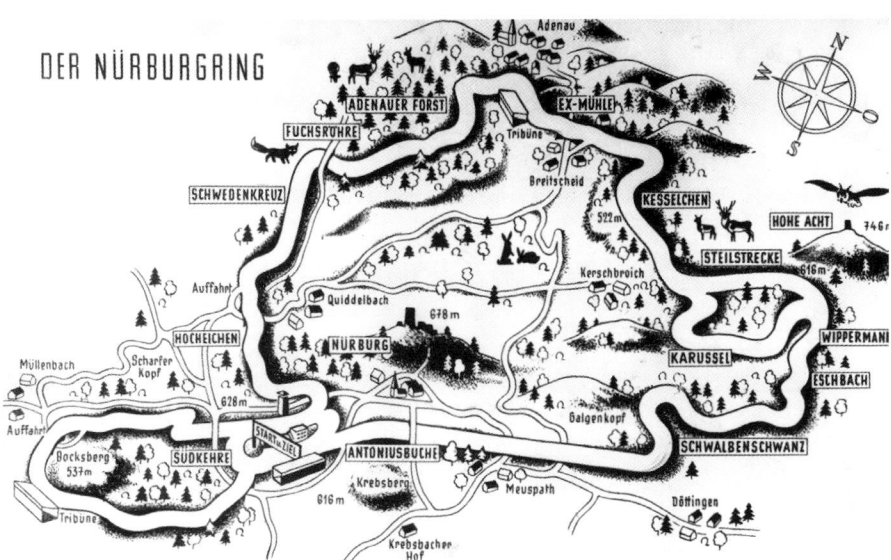

Heinz Kürten, Sieger in der Beiwagen-Kategorie bis 600 ccm, in der Kurve

Die Rennstrecke des Nürburgrings im Überblick

Ausgerechnet in der rückständigen Eifelregion war die bis heute längste und anspruchsvollste Rennstrecke der Welt entstanden. Beim zweitägigen, vom ADAC veranstalteten Eröffnungsrennen fuhren zum ersten Mal Motorräder und Autos über den Nürburgring. Bis zu fünfzehn Runden, mehr als 400 Kilometer, legten sie zurück. Und die deutsche Industrie hatte endlich ihre Teststrecke, auf der sie die Qualität ihrer Fahrzeuge beweisen konnte. Bis heute werden hier Autos getestet. Die Vision von Landrat Creutz war Wirklichkeit geworden. Der Nürburgring wurde zum nationalen Symbol für Fortschritt und Leistungsfähigkeit.

„Auf der ganzen Welt gibt es nichts, was annähernd so eine Rennstrecke bietet wie der Nürburgring. Durch seine Kurven, durch die Berge, durch die Täler, durch die Länge der Strecke, die geographische Lage. Den Nürburgring gibt es nur einmal, das ist wie der Eiffelturm oder die Freiheitsstatue.“ [6]

Hans-Joachim Stuck

HELDEN DES ASPHALTS

Der Ring zog schon in den ersten fünf Jahren mehr als eine halbe Million Besucher an. Doch die Kosten für die Rennstrecke explodierten und führten zu finanziellen Krisen.

Rennfahrer wie Rudolf Caracciola oder Christian Werner wurden zu „Helden des Asphalts", die ihr Leben riskierten, um die unbeherrschbare Strecke zu meistern. Auch Frauen traten schon in den 1920er Jahren bei den Rennen an, wie die Französin Anne-Cécile Rose-Itier. 1928 nahm die Tschechin Elisabeth Junek mit ihrem Ehemann am Großen Preis von Deutschland teil. Sie steuerten das Auto abwechselnd. Ihr Mann Vincenc kam von der Fahrbahn ab – der erste Tote des Nürburgrings. Elisabeth Junek verkaufte ihre Rennwagen. Sie nahm nie wieder an einem Autorennen teil.

Ab 1933 änderten sich die Vorzeichen am Ring. Die Nationalsozialisten unterstützten die Autoindustrie schon im ersten Jahr mit 800.000 Reichsmark. 1934 gingen die für die Nazis so prestigeträchtigen Silberpfeile zum ersten Mal beim Eifelrennen an den Start. „Es gab natürlich das Bemühen der Nazis, Kapital daraus zu schlagen. Die Konstellation war ja absolut ideal! Andere hatten diesen Nürburgring gebaut, und die Nazis haben die Früchte geerntet." [7]

Anne-Cécile Rose-Itier   Elisabeth Junek

Der Mann, der von nun an bestimmte, was auf dem Nürburgring passierte, war Adolf Hühnlein, Chef des Nationalsozialistischen Kraftfahrerkorps. Er nutzte den Ring als Bühne für seine politischen Botschaften. „Und dann ist anschließend die SA aufmarschiert, und der Hühnlein ist aufgetreten, alles im Namen von Hitler. Viele glaubten, Hitler habe das gebaut!" [5]

Die Nationalsozialisten setzten eine gigantische Propagandamaschinerie in Gang – für ihren eigenen Nürburgring-Mythos. Deutsche Rennfahrer wurden zu Nationalhelden. Sie kämpften in den „Rennschlachten", wie es hieß, um die deutsche Überlegenheit zu demonstrieren. Pannen, wie der Brand des Wagens von Manfred von Brauchitsch, oder tödliche Unfälle wurden verschwiegen oder als Heldentaten propagiert. Auch die Siege von ausländischen Fahrern passten nicht ins Programm: Als beim Großen Preis von 1935 der Italiener Tazio Nuvolari auf Alfa Romeo gewann, deklarierten die Nazis seinen Sieg als kleinen Triumph des faschistischen Bruderlandes.

Der eigentliche Vater des Rings hatte in dieser Umschreibung der Geschichte keinen Platz mehr. Otto Creutz, der Mitglied der Zentrums-Partei war, wurde wegen Untreue zu einem Jahr Gefängnis verurteilt – zu Unrecht, wie sich später herausstellte. Der Nürburgring war für ihn nun verbotenes Terrain. „Er saß dann am Radio und fuhr die Rennen, die dort durchgegeben wurden, praktisch von A bis Z mit. Er kannte ja jede Kurve, jedes Kürvchen, er wusste ja genau, wo die Rennfahrer waren. Und das war schrecklich." [5]

Begeisterung beim Großen Preis von Europa, Juli 1929

Tribünensicht beim Großen Preis 1929

Der voll besetzte Parkplatz vor der
Haupttribüne

Peppi Stelzer gewann den Großen Preis 1927 bei
den Motorrädern in der Klasse bis 750 ccm.

Eröffnung der Rennsaison 1928: Blick auf die Südschleife des Nürburgrings

Eifelrennen 1930

Graham Walker, Sieger des Großen Preises 1927 bei den Motorrädern in der Klasse bis 500 ccm

Louis Chiron aus Monaco siegte beim Großen Preis 1929 im Sportwagenrennen.

Der Nürburgring als Propagandainstrument   Tazio Nuvolari gewann 1935 den Großen Preis.

Sein Wunsch nach Wiederanerkennung sollte sich nicht erfüllen. Verbittert setzte er 1951 seinem Leben ein Ende. Heute erinnert eine Gedenktafel an den Gründer des Nürburgrings.

Mit dem Beginn des Zweiten Weltkriegs fanden auf dem Ring keine Rennen mehr statt. Als sich der Kriegsverlauf gegen die Deutschen wendete, wurde auch das strategisch wichtige Adenau Ziel alliierter Bomber.

SCHUTZ UNTER DER FAHRBAHNDECKE

In den letzten Kriegswochen wurde eine Fußgängerunterführung unter der Rennstrecke zum rettenden Ort. Karl-Heinz Korden berichtet: „Die meisten Leute wohnten in den Wäldern, in Holzhütten oder in selbstgegrabenen Stollen, weil man sich hier über Tag nicht mehr blicken lassen konnte. In Adenau gab es noch sehr, sehr viel Militär, und die Tiefflieger, die waren morgens beim ersten Büchsenlicht schon wieder da, und dann knallte es, die schossen auf alles, was sich bewegte. Dann blieb für unsere Familie auch nichts anderes übrig, als sich einen Unterschlupf zu suchen. Den fanden wir dann hier in dieser Unterführung." [4]

Fünfzehn Personen suchten unter der Asphaltdecke des Nürburgrings Schutz. „Der gute Onkel hat das dort vorne und hinten mit Brettern zugenagelt und eine schmale Türe reingemacht. Innen gab es jeweils drei Betten, schmale Pritschen, übereinander. Mitten durch diese gute Stube floss immer so ein breites Bächlein. Es war eine verrückte Zeit, es war ein ganz kalter Winter.

Man blieb mehr oder weniger den ganzen Tag da drin und guckte und beobachtete den Himmel und hoffte, dass nicht schon wieder Bomben fallen. Gegen Abend hat die Mutter dann gekocht, dann sah man ja keinen Qualm mehr, über Tag konnte man das gar nicht riskieren. Diese Flugzeuge waren ständig präsent, das war fürchterlich.

Ich musste jeden Morgen runter ins Städtchen laufen, um für meinen jüngsten Bruder, der war 1943 geboren, die Milch zu holen. Der hat mehr oder weniger hier drin laufen gelernt. Die Mutter war sehr krank, stand dann immer sorgenvoll hier oben und guckte, wo ich durch den Schnee stapfte. Und dann kam plötzlich dieser Tieflieger aus Südosten, extrem tief, und der hat aus allen Rohren auf mich geschossen. Das war fürchterlich! Ich bin irgendwo in die Hecken gesprungen und hab fürchterlich gebrüllt. Ich seh das noch, als wenn's gestern war. Der Pilot wackelte mit den Tragflächen und guckte, das versteh ich ja bis heute noch nicht: Der musste doch sehen, dass ich ein Kind war. Ich war gerade mal acht Jahre alt." [4]

Sieben Wochen blieb die Familie Korden im Schutz der Rennstrecke. Anfang März 1945 erreichten amerikanische Panzer den Nürburgring und nutzten den Asphalt für ihren Vormarsch. Dabei beschädigten ihre Ketten große Teile der Südschleife.

Karl-Heinz Korden vor der Unterführung, die ihn und seine Familie vor den Bomben schützte

KÜSSE IM FAHRERLAGER

Die Region ging an die französische Besatzungsmacht über. Diese ließ die Rennstrecke, auf der auch viele französische Fahrer Siege gefeiert haben, in wenigen Monaten wiederherstellen.

Deutschlands Städte lagen derweil in Trümmern. Doch schon zwei Jahre nach Kriegsende machten sich wieder die ersten Besucher auf den Weg zum Nürburgring, pünktlich zu seinem 20-jährigen Bestehen. „Das war natürlich ein Sensatiönchen, das erste Rennen. Das kostete pro Kopf fünf Mark Eintritt, und da drin enthalten war noch ein Ernährungsbon für eine Portion Kartoffelsalat, eine Wurst und ein Glas Wein."[4] „Jeder versuchte ja, irgendein kleines Geschäft zu machen. Da wurden die Scheunentore aufgemacht und die Leute konnten im Stroh oder im Heu übernachten. Und mein Vater hat eine Wasserleitung durch den Hof an der Hauswand entlang gelegt, damit die sich auch morgens waschen konnten. Da wurden überall Löcher reingebohrt, Korken drauf, und ich durfte dann morgens kassieren: zehn Pfennig pro Person, Plumpsklo-Benutzung inklusive. Von da an war ich nicht mehr zu halten. Ich freute mich auf jedes Rennen, das war für mich eben die große Welt."[3]

Und die große Welt kam. Schon Anfang der 1950er Jahre zählte der Nürburgring wieder zu den wichtigsten Rennstrecken Europas. Der Große Preis von Deutschland 1954 brachte einen neuen Besucherrekord: 300.000 Menschen ver-

Blick ins Fahrerlager am Nürburgring

folgten das Rennen. „Wir waren stolz wie verrückt. Ich glaube, dass wir damals schon begriffen hatten, dass das unsere Zukunft ist." [3]

Direkt neben der Start- und Zielschleife lag das Fahrerlager mit fünfzig Boxen. Hier versammelten sich die internationalen Rennställe und bereiteten die Fahrzeuge für die großen Rennen vor. Für das breite Publikum war das Fahrerlager gesperrt. Hinein kam man nur über Schleichwege oder Kontakte. Hier traf man die großen Stars – wie Graf Berghe von Trips, den erfolgreichsten deutschen Rennfahrer in den ersten Jahrzehnten nach dem Krieg.

Die Kinder aus dem benachbarten Dorf Nürburg hatten freien Eintritt.

Ursula Schmitz

„Das war richtig aufregend: Fangio oder Moss, egal wie die hießen, wir gingen überall hin. Die Fahrer lagen aber meistens unter dem Auto, weil die da auch mitgeschraubt haben. Dann haben wir die so aufs Bein getippt, sie kamen rausgerollt und sagten: Ja, komm her, kriegst ein Autogramm. Dann haben meine Freundin und ich unser Autogramm bekommen, und danach rollte der wieder unter das Auto." [3]

Wenn es keine Rennen gab, verwandelte sich das Fahrerlager für die Kinder aus Nürburg in einen geheimen Ort. „Bei drei Rennen im Jahr war das ja nicht ausgelastet. Wir waren jeden Tag in diesem Fahrerlager. Da fuhren wir mit dem Fahrrad unsere Runden. In Box 32 und 33 hatten wir z. B. unsere Tischtennisplatten drin, und wenn dann größere oder überhaupt Veranstaltungen waren, wurden die einfach zusammengeklappt und an die Wand gestellt. Als wir älter waren, wurden auch verschiedene andere Aktivitäten dort getätigt, dann wurde aber das Tor zugemacht. Meine Eltern kamen da nie hin! Der erste Kuss z. B., das fand alles dort statt, oder die erste Zigarette, bei der einem schlecht wurde. Es war irgendwie die Motorsportatmosphäre … Es roch so gut da, so nach Benzin und so. Irgendwie spielte sich da das Leben ab." [3]

„GRÜNE HÖLLE"

In den 1960er Jahren gehörte das Rennfahren zum Lifestyle dazu. Gleichzeitig wurden die Gefahren der Strecke immer deutlicher. Seit dem Unfall von Graf Berghe von Trips, der 1961 im italienischen Monza 15 Zuschauer mit in den Tod riss, wurde auch am Nürburgring über Verbesserungen an der Strecke nachgedacht.

„Die Leitplanken waren noch nicht erfunden. Und die Leute, die saßen bis dicht an die Rennstrecke, das wäre heute ein Unding. Diese Zäune, wie wir sie jetzt haben, waren alle noch nicht da. Die Leute setzten sich da hin und blieben dort, obwohl ihnen die Fahrzeuge fast über die Absätze fuhren.“ [4]

Karl-Heinz Korden

„Wir kannten da jeden Schleichweg als Jugendliche, sind abseits der Zuschauerplätze die Böschung hoch gerobbt und haben uns dann so in Augenhöhe mit der Asphaltdecke positioniert. Das war auch eine Perspektive, da kamen die Autos zwei, drei Meter von einem entfernt mit einem irren Karacho vorbei. Da fuhren damals noch Motorräder mit Seitenwagen, die unglaublich schnell über diese Nordschleife rasten. Ich hab immer den Eindruck gehabt, die wollten nicht die Grenze erfahren, die wollten darüber hinausgehen.“ [7]

Seit Eröffnung der Rennstrecke konnten auch Privatleute über den Nürburgring fahren. Das wechselhafte Eifelwetter, Steigungen und Gefälle bis zu fünfzehn

Waltraud Odenthal behauptete sich in der „Männerwelt“ Motorsport.

Prozent und die zahllosen Kurven – viele Hobby-Rennfahrer waren überfordert. Die Todeszahlen wurden von den Betreibern nicht veröffentlicht. Laut Schätzungen sind bis Mitte der 1970er Jahre über fünfzig Privatfahrer auf dem Nürburgring gestorben. Trotzdem kamen regelmäßig zigtausende Besucher zum Nürburgring, und nicht nur Tagesgäste. Viele Rennbesucher richteten sich für ein ganzes Wochenende in den Wäldern um die Nordschleife ein.

Der Motorsport wurde als Männersport vermarktet. Aber auch Frauen schafften es an die Spitze. Hannelore Werner gewann 1969 am Nürburgring das 24-Stunden-Rennen. Sie stieg bis in die Formel 2 auf. 1969 begann Waltraud Odenthal ihre Karriere als Tourenwagenfahrerin. Eigene Rennen für Frauen gab es nicht. Veranstaltungen wie der „Ladies Cup" kamen erst in den 1980er Jahren auf. Waltraud Odenthal trat beim 24-Stunden-Rennen gegen die Größen der Motorsportszene an.

„Für mich war das Arbeiten unter Männern kollegial. Man nimmt die nicht als Männer wahr, sondern als gleiche. Wie die Männer mich empfunden haben … Ich mein, als ich dann später sehr schnell war, haben doch manche ganz schön blöd geguckt." [1]

Waltraud Stöhr-Odenthal

Die Nordschleife wurde zunehmend gefährlicher, je schneller die Autos wurden. Der schottische Rennfahrer Jackie Stewart prägte den Begriff „Grüne Hölle". Bis 1976 waren Presseberichten zufolge auf dem Nürburgring 78 Rennfahrer tödlich verunglückt.

Auf Druck einiger Formel 1-Fahrer verbreiterte man Anfang der 1970er Jahre die Nordschleife. Um einen Boykott abzuwenden, wurden Sicherheitsstreifen angelegt und Leitplanken installiert. Der junge Formel-1-Pilot Niki Lauda wurde zum Sprecher der Kritiker. „Ich war der Meinung, dass die Verhältnisse nicht mehr stimmten, dass diese Autos dort auseinanderbrechen, bei der hohen Geschwindigkeit. Wir haben dann lange darüber diskutiert, und dann hat sich die Mehrheit entschieden, doch noch einmal hinzugehen, weil man dem Nürburgring fairerweise sagen muss: Sie haben das, was wir gefordert hatten, umgesetzt. Daraufhin hab ich mich natürlich sofort solidarisch erklärt und gesagt: Ok, unter diesen Voraussetzungen gibt es dort noch ein Rennen, das war ganz klar, das war das letzte Rennen am Nürburgring." [2]

DER LAUDA-SCHOCK

Der Morgen des 1. August 1976, kurz vor dem Start des Großen Preises von Deutschland. Niki Lauda erinnert sich:

> *„An was ich mich erinnern kann, ist, dass ich im Fahrerlager unten hinaufgehe zur Box. Ein Mann kommt hinter mir her und sagt: ‚Bitte ein Autogramm.' Und ich gebe ihm natürlich gern ein Autogramm, und da sagt er zu mir: ‚Schreiben sie das Datum drauf.' Weil das die Menschen normalerweise nicht gemacht haben, habe ich verwundert gefragt: ‚Warum brauchen sie das Datum?' Da sagt er zu mir: ‚Es könnte ja das letzte sein.' Das werde ich nie vergessen."*

180.000 Zuschauer waren gekommen, um das letzte Formel 1-Rennen am Nürburgring mitzuerleben. Zweite Runde. Kurz vor dem Abschnitt Bergwerk brach in Laudas Ferrari offenbar ein Teil des Längslenkers. Das Auto prallte gegen eine Felswand und ging in Flammen auf. Der amtierende Weltmeister erlitt lebensgefährliche Verbrennungen und Verätzungen der Lunge. Wegen der Dimensionen der Strecke dauerte es lange, bis ein Krankenwagen am Unfallort war. „Das ging

Niki Laudas Schicksal berührte die ganze Nation.

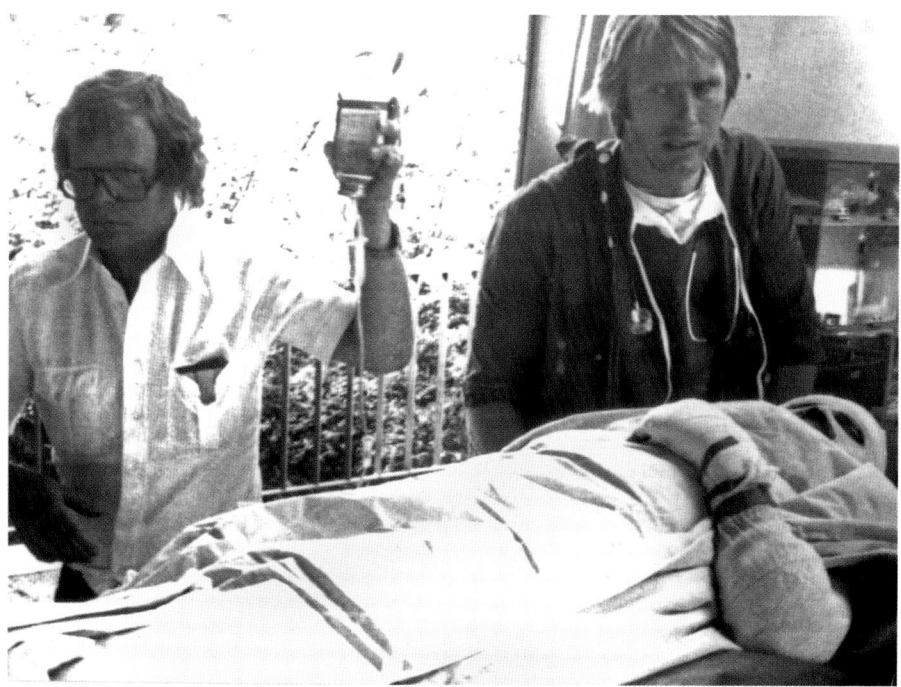

Niki Lauda bei der Einlieferung in eine Ludwigshafener Spezialklinik, 1. August 1976

ja wie ein Lauffeuer. Der wohnte ja damals auch hier. Und da haben wir drei Tage und drei Nächte um das Leben gebangt. Die ganze Presse, alles ist ja hiergeblieben, es war also wie eine große Familie, alle haben gebetet, dass er gerettet wird." [3]

Lauda wurde immer wieder operiert, überstand mehrere Hautverpflanzungen … und fuhr nur sechs Wochen nach seinem Unfall wieder Rennen. In Monza erreichte er beim Großen Preis von Italien den vierten Platz.

Auf dem Nürburgring fanden von nun an keine Formel 1-Rennen mehr statt – wie zuvor von den Fahrern angekündigt. Niki Lauda wurde mit falschen Vorwürfen konfrontiert. „Als ich dann 1977 mit meinem Ferrari in Hockenheim zum Start fahr, hat das ganze Motodrom gepfiffen. Es hieß: Der Lauda hat den Nürburgring umgebracht. Was nicht stimmt, und ich hab mich wirklich geärgert darüber, weil ich ja die Fakten kannte. Und zwei Stunden später, als ich das Rennen gewonnen hatte, haben die gleichen Leute natürlich applaudiert. Darüber habe ich mich innerlich gefreut, aber so war damals die Zeit." [2]

Die Formel 1 zog weiter, fuhr in Deutschland jetzt am Hockenheim-Ring. Auf der Nordschleife des Nürburgrings fanden nur noch Rennen anderer Klassen statt.

Mit der 1984 eröffneten Südschleife wurde der Nürburgring noch einmal zum Mekka der Formel 1.

Gewann 2001 den Großen Preis von Europa auf dem Nürburgring: Michael Schumacher

Die Betreiber versuchten, mit Skilang-lauf-Meisterschaften, Hundeschlitten-rennen und anderen Sportveranstal-tungen ein neues Publikum zu gewin-nen. Aber große Gewinne brachte die Strecke nun nicht mehr in Region.

Um die Formel 1 zurückzuholen, plante man eine neue Grand-Prix-Strecke. Ein ungefährlicher Rund-kurs mit vierzehn Kurven sollte ent-stehen. „Da stand immer wieder die Argumentation im Vordergrund: Das ist eine Infrastrukturmaßnahme in einer strukturschwachen Gegend. Das hat funktioniert seit 1927, das wird weiter funktionieren und muss auch weiter funktionieren, weil sonst in dieser Region nicht viele Alterna-tiven bestehen.“ [7]

Auf dem Gebiet der kaum genutzten Südschleife entstand die neue, viereinhalb Kilometer lange Rennstrecke. Nach zweieinhalb Jahren Bauzeit wurde sie im Mai 1984 eröffnet. „Das war ein richtig harter Schnitt. Wer die Nordschleife gewohnt war, der hat eigentlich nur den Kopf geschüttelt. Das war so weit weg! Die Autos waren so klein!" [7]

Die 82 Millionen Mark teure Strecke brachte neue Stars in die Eifel und den Nürburgring zurück in die schwarzen Zahlen. Nun konnten hier wieder große Rennen stattfinden.

DEUTSCHES WOODSTOCK

Ab 1985 gab es eine neue Großveranstaltung. Plötzlich kam ein ganz anderes Publikum auf den Nürburgring. Junge Musikfans machten die Eifel zum Ort des größten Rockfestivals Deutschlands. „Man war da zunächst sehr gemischter Meinung, weil man sagte: Das ist eine reine Motorsportstrecke hier, und wer weiß, was da kommt ... Man hat sich zunächst zwar abwartend verhalten." [4]

Was 1985 begann, war das Ergebnis eines langen Kampfes. Für seinen Traum von einem deutschen Woodstock hatte Konzertveranstalter Marek Lieberberg dreizehn Jahre lang einen Ort gesucht. Sein mehrtägiges Rockfestival fand schließlich auf der neuen Grand Prix-Strecke statt.

Marek Lieberberg

„Es gab Skepsis, aber wir haben keine Ressentiments kennengelernt, wie sie uns Anfang der 1970er Jahre entgegengeschlagen sind, also klare Aversionen, Vorurteile, Ablehnung, Verachtung, Verurteilung oder ähnliches, das hat es in der Eifel nie gegeben." [8]

Zu „Rock am Ring" kamen bis zu 80.000 Besucher zum Nürburgring. Nur fünf Kilometer vom Stadtzentrum Adenaus entfernt, spielten die Bands bis tief in die Nacht. „Ich werde in der Nacht des Öfteren wach von dem Radau bis nach Adenau runter. Es sei denn, der Wind steht mal ganz anders, aber im großen Ganzen hört man es bis unten hin." [4]

Die Besucher von „Rock am Ring" breiteten sich immer mehr aus, sogar bis auf die berühmte Nordschleife. „Wenn ich recht erinnere, wurde es von den Fans herangetragen, und zwar den Hardcore-Fans, die gesagt haben: Wir wollen das

Publikumsmagnet: Das Festival „Rock am Ring" fand von 1985 bis 2014 auf dem Nürburgring statt. Der Zuschauerrekord wurde 2013 mit 87.000 Besuchern aufgestellt.

Ereignis noch authentischer haben, wir wollen es auch etwa wilder haben, wir wollen Musik machen können, wir wollen unsere Wagen mitnehmen und direkt mit den Wagen auch auf der Strecke campen, was auf den anderen Plätzen nicht möglich war."[8] 4.000 Rockfans zelteten auf der Rennstrecke – bis zum letzten Festival im Jahr 2014.

Für die Menschen in der Region war „Rock am Ring" eine weitere Möglichkeit, finanziell von der Rennstrecke in ihrer Nachbarschaft zu profitieren. Im Winter aber blieben die Gäste traditionell vier Monate lang aus.

POLITISCHES FIASKO

Anfang der 1990er Jahre wurde das Projekt „Motorland" erdacht: Ein 700 Meter langes Vergnügungszentrum sollte die Gäste das ganze Jahr über in die Eifel locken. „Das hat zunächst sehr viel Unmut in der Bevölkerung hervorgerufen, weil es auch vom Design her doch sehr schreiend laut war, das wollten die Leute nicht."[7]

Fünfzehn Jahre später startete man einen neuen Anlauf, der sich zu einem der größten Investitionsskandale der vergangenen Jahre entwickelte. Es sollte ein Prestigeprojekt werden: der Freizeitpark „Nürburgring 2009", der die Massen auch in den Wintermonaten anzieht.

Rund 300 Millionen Euro wurden verbaut. Das Vergnügungszentrum „Grüne Hölle" für bis zu 6.000 Besucher entstand, mit Diskothek, Hotel und Restaurants. Doch am Ende brach die Finanzierung zusammen. „Die Politik hat den Faden verloren, hat es eigentlich nicht mehr verstanden, was sie da überhaupt geschaffen hat, konnte es eigentlich auch nicht mehr bezahlen, hatte aber große Versprechungen geleistet, und dann die Reißleine nicht gezogen." [7]

Die Achterbahn „Ring Racer" wurde nach der ersten Fahrt aus Sicherheitsgründen stillgelegt. Erst viereinhalb Jahre später durfte sie wieder starten. Nach der Eröffnung blieb der erwartete große Andrang aus. Das Projekt endete in einem politischen Skandal – und in der Insolvenz des Nürburgrings. Die einzige Rettung, die Politik und Insolvenzverwalter anboten: Der Ring sollte an private Investoren verkauft werden. „Es darf doch nicht sein! So eine Sache hier, das hat eine Monopolstellung, das ist so alt, und das ist für die Region gebaut. Das ist ja wie eine Enteignung für uns." [3]

Im Herbst 2014 übernahm ein russischer Multimillionär die Anteilsmehrheit am Ring. Von seinen Plänen hängt die Zukunft einer ganzen Region ab.

Heinrich Schöneseifen

„Wenn der Nürburgring eine Person wäre, dann würde er sich um all das nicht scheren, weil er auf seine Stärke vertrauen würde, weil er weiß, dass er einzigartig ist. Und ich glaube, der Nürburgring ist größer als die jeweiligen Manager und die Menschen, die seine Geschicke bestimmen wollen. Der kann schon auf sich selber aufpassen." [7]

Quellen:
1 Waltraud Stöhr-Odenthal, Rennfahrerin 1969–1977
2 Niki Lauda, Formel1-Fahrer und Unglücksopfer auf dem Nürburgring
3 Ursula Schmitz, Hotelbesitzerin in Nürburg
4 Karl-Heinz Korden, ehemaliger Ordner und Abschnittsleiter am Ring
5 Gisela Herbstrith, Tochter des Adenauer Landrats Otto Creutz
6 Hans-Joachim Stuck, Rennfahrer 1969–2011
7 Heinrich Schöneseifen, Journalist
8 Marek Lieberberg, Konzertveranstalter

PETERSBERG

PETERSBERG

E ine Festung, 336 Meter hoch über dem Rhein: der Petersberg. Auf seinem Gipfel ein Hotel, das Geschichte schrieb. Hier wurden die Weichen für die Bundesrepublik gestellt. Fernab der Öffentlichkeit trafen sich die Mächtigen der Politik und die höchsten Besucher der Bundesrepublik.

Der prominenten Gäste zum Trotz musste das Haus immer wieder um sein Überleben kämpfen. Es wurde geschlossen, abgerissen und wiederaufgebaut. Bis heute werden in dieser einzigartigen Lage wichtige internationale Entscheidungen getroffen.

Wer auf den Berg will, muss ihn erst einmal bezwingen. Eine Privatstraße führt durch dichten Wald hinauf. 280 Meter Höhenunterschied, die in eine andere Welt führen. Wie geschaffen für die Unterbringung von Staatsgästen aus aller Welt: glanzvoll, ohne protzig zu sein. Abgeschottet, fernab der Tagespolitik und nur zehn Kilometer vom ehemaligen Bonner Regierungsviertel entfernt.

Aufgrund seiner geografischen Lage gilt der Petersberg als einer der am besten gesicherten Orte der Republik. Einsehbar nur von wenigen Orten.

> *„Der Petersberg ist ja bewusst auch aus Sicherheitsgründen gewählt worden. Der ist ja leicht absperrbar."* [1]

Bei besonderen Anlässen verwandelte sich der Berg in eine Hochsicherheitszone. Das Gebäude wurde sowohl aus der Luft, als auch auf der Erde von Polizei, Bundeskriminalamt und Bundesgrenzschutz überwacht. Kameras sicherten das Haus in alle Richtungen. Aber dem amerikanischen Präsidenten reichte selbst das nicht. „Der Clinton-Besuch war wirklich das Höchste, was ich so an Sicherheitsvorkehrungen erlebt habe. Anlässlich des Besuchs wurde eine Woche vorher zu den bestehenden Telefonanlagen im Haus eine weitere von den Amerikanern mit

TREFFPUNKT DER MÄCHTIGEN

Ehemaliges Gästehaus der Bundesregierung, Rückzugsort der Prominenten und Stätte von
nationalen wie internationalen Konferenzen: das Grandhotel Petersberg

Vom Grand Hotel Petersberg aus bietet sich ein atemberaubendes Panorama auf den Rhein

eigenem Gerät, mit eigenen Leitungen aufgebaut. Hatte ich vorher noch nicht erlebt bei irgendeinem anderen Staatsbesuch."[2]

Für den wenige Tage dauernden Besuch des amerikanischen Präsidenten baute man 1994 sogar eine mit Kameras gesicherte Joggingstrecke. Jeder Schritt von Bill Clinton konnte im Kontrollraum verfolgt werden. „Ganz scharfe Kontrollen: Zugang zum Berg, Zugang im Haus. Das Haus wurde in viele Abschnitte unterteilt. Zu jedem Abschnitt brauchte man bestimmte Badgets, die einem den Zugang gewährten. Das war schon extrem."[2]

Bill Clinton wohnte – wie auch die anderen hochrangigen Staatsgäste – in der 240 Quadratmeter großen Präsidentensuite, die mit schusssicheren Fenstern und einem eigenen Eingang ausgestattet war. Zutritt hatten nur wenige. Was hier passierte, war streng vertraulich. „Bei dem Clinton-Besuch fiel das sehr ins Auge. Er bekam extra ein Rednerpult in seine Suite gestellt. Mehrere Berater beobachteten, wie das rüber kommt. Kameraeinstellungen wurden simuliert. Die Stellung des Rednerpults. Da wurde hochprofessionell versucht, jeden öffentlichen Auftritt zu verkaufen."[2] Ein Präsident der modernen Massenmedien, der die Kulisse des Bergs gut zu nutzen wusste.

MÖNCHE, MÄRCHEN UND TOURISTEN

Eine Kulisse mit Geschichte. Die erste Besiedlung reicht zurück bis 3500 vor Christus. „Der Berg hat ja historisch eine sehr alte Wurzel, hier sind ja schon die Kelten gewesen, hier oben sollen auch blutige Opfer dargebracht worden sein den kelti-

schen Göttern. Hier gibt es noch keltische Fundamente von irgendwelchen Befestigungsanlagen. Das geht sehr stark noch bis in die heidnische Zeit zurück."³

Noch heute erzählen Kirchenmauern von Zisterziensermönchen, die sich vor mehr als 800 Jahren auf dem Berg nieder gelassen hatten. Der strategisch wichtige Ort sollte nicht von Raubrittern besetzt werden. Bis dahin hatte der Berg „Stromberg" geheißen. Von „Strong" wie stark. Die Mönche gaben ihm den Namen „Petersberg" – dem heiligen Petrus zu Ehren.

Weil es oben kein Quellwasser gab, zogen sie nach drei Jahren an den Fuß des Berges, ins Heisterbacher Tal, und bauten dort ein neues Kloster. „Die Westseite der Abteikirche war 88 Meter lang. Und das war nach dem romanischen Kölner

Reste der fünfschiffigen mittelalterlichen Kirche auf dem Petersberg

Romantik am Fuße des Petersberges: das Gemälde „Ruine Heisterbach im Mondschein", von Oswald Achenbach (1827–1905), Öl auf Leinwand, 1892; 78 x 101 cm (Siebengebirgsmuseum)

Sagenumwoben: die Burgruine Drachenfels im Siebengebirge

Der Petersberg auf einer Postkartenansicht, um 1900

Dom die zweitgrößte Kirche im Erzbistum Köln, das damals viel größere Ausmaße hatte als heute." [4]

Anfang des 19. Jahrhunderts ging das Kloster in Staatsbesitz über. Es wurde geplündert und eingerissen. Nur ein paar Mauern blieben stehen. Ruinen, Sagen und Märchen ließen das Siebengebirge im 19. Jahrhundert zu einer touristischen Attraktion werden. Romantik und Rhein gehörten von nun an zusammen. Die Geburt des Tourismus. „In der Außenwirkung, das kann man sicher sagen, ist das Riesengebirge eine sagenumwobene Landschaft, die genau deswegen auch so beliebt ist und eine lange touristische Tradition hat. Dabei spielen die Sagen und geheimnisvollen Geschichten sicherlich eine große Rolle." [5]

Das Siebengebirge entwickelte sich über viele Jahrzehnte zu einem der beliebtesten Ausflugsziele des boomenden Rheintourismus. Schon früh wurde der Drachenfels mit seiner Zahnradbahn zur Hauptattraktion. 1888 bekam auch der Petersberg eine hochmoderne Zahnradbahn, die vom Schiffsanleger und vom Bahnhof Königswinter über fast anderthalb Kilometer auf das Plateau führte.

Die Petersbergbahn hatte die extremste Steigung aller Zahnradbahnen in Deutschland zu bewältigen.

„Die Attraktivität der Petersberger Zahnradbahn aus der Zeit um 1900 ist zunächst mal in der Begeisterung für die Technik begründet. Man muss sich die Zahnradbahn wirklich vorstellen als Dreckschleuder. Funken flogen, es gab viel Rauch und Lärm. Die Leute saßen im Freien. Die Waggons waren nicht verschlossen, und so fuhr diese Dampflok dann den Berg hinauf, schob den Wagen hoch. Das war das reine Abenteuer. Die Begeisterung für diese neue Technik spiegelt sich in dieser schwebenden Frauengestalt, die auf einem geflügelten Zahnrad den Berg hochfährt." [5]

„DE NAAS VUN KÖLLE"

Die Bahn wurde auf Betreiben der Familie Nelles gebaut, die zeitgleich ein luxuriöses Hotel auf dem Plateau errichten ließ. Das wechselte schon bald den Besitzer und wurde (von einer rheinischen Dynastie) komplett neu errichtet. „Mein Urgroßvater hat das Grandhotel erbaut. Er war ein ungewöhnlicher Mann, sehr eigenwillig. Ein großer Unternehmer, der unser Familienunternehmen damals zur Weltgeltung gebracht hat. Er ist schon in den frühen Jahren des 19. Jahrhunderts weltweit gereist, ein außergewöhnlich schaffensfreudiger und begabter Unternehmer." [3]

Ferdinand Mülhens versorgte die feine Gesellschaft mit Duftstoffen: dem berühmten 4711. Man nannte ihn „De Naas vun Kölle". „Persönlich äußerst sparsam und spartanisch mit sich selbst. Wenn er aus Köln kommend mit der Eisenbahn in Königswinter ankam und dort die Pferdekutschen standen, dann hat er mit den Kutschern gefeilscht und gefragt: Was kostet das? Ich möchte zum Wintermühlenhof. Da haben die gesagt: 50 Pfennig. Da sagte er: Dat is mir zu duer, dann jon ich zu Fuß." [3]

In seinem Hotel ließ es Ferdinand Mülhens an nichts fehlen. 100 Angestellte sorgten für das Wohl der damals schon prominenten Gäste im Kurhotel. Doch nur ein Jahr nach Eröffnung musste das Hotel wieder schließen. Der Erste Weltkrieg brach aus, und die feine Gesellschaft blieb zuhause. In den Kriegsjahren diente das Haus als Lazarett.

Hotel Nelles auf dem Petersberg mit Bergstation der Petersbergbahn, 1900

Das neu errichtete Hotel Mülhens, um 1920

„Als nach dem Weltkrieg eine gewisse Normalisierung eingetreten war, wurde es endgültig als Hotel eröffnet und auch sehr gut angenommen. Es war dann im Rheinland die erste Adresse." [3]

„Es galt als eins der zehn besten Hotels in Deutschland, von weit her kamen noble Besucher." [5]

Die feine Gesellschaft sollte im Zeitalter des Automobils nicht etwa mehr mit der Zahnradbahn den Berg hochfahren, sondern mit dem eigenen Auto. Ferdinand Mülhens ließ 1927 gegen den Widerstand von erbosten Naturschützern eine Straße bauen.

WALLFAHRTEN UND HITLER-BESUCHE

Der Berg war nicht nur eine touristische Attraktion, sondern auch immer noch Wallfahrtsort. Wer Beistand suchte, pilgerte den Berg hinauf. Der Berg hilft – so hieß es seit Jahrhunderten. Nach der Machtergreifung durch die Nationalsozialisten bekam die Wallfahrt eine neue Bedeutung.

„Das ist ein ganz interessantes Kapitel auch der neueren Geschichte, dass hier die Männer und Jungmänner eingeladen haben, am Gründonnerstagabend auf den Petersberg zu kommen. Es war dann so, dass wir zwischen 3.000 und 5.000 Männer dort oben hatten. Das war im Wallfahrtsverfahren, die gingen zu Fuß dahin. Und das war natürlich auch eine deutliche Demonstration in dieser Zeit, so zwischen 1934 und 1936 zum Beispiel. Das war keine Jubelveranstaltung für Adolf Hitler." [4]

Doch auch Adolf Hitler kam gerne an den Rhein. Zum Beispiel ins nahe Bad Godesberg. „In einem Fall führte das zu einem interessanten Konflikt. Auch Adolf Hitler war ein oft auf dem Petersberg gesehener Gast. Und so muss es am Gründonnerstag des Jahres 1936 zu einem echten Konflikt gekommen sein. Denn die Männerwallfahrt war zwar hauptsächlich eine Abendveranstaltung, im Dunkeln ging man auf den Berg. Aber schon den ganzen Tag über wurde der Berg geschmückt mit Fahnen, es wurden Tische aufgebaut. Auch an diesem Donnerstag vor Ostern des Jahres 1936 erschien der ganze Berg in Fahnenschmuck und vollem christlichen Dekor, auch das Plateau rund um das Hotel. Plötzlich aber kam ein Anruf: Adolf Hitler kommt auf einen Kakao vorbei. Das war natürlich nicht möglich, dass Hitler an einem so intensiv christlich genutzten Ort erscheint. Man hat sehr schnell für Hitler alles abgebaut, Hitler kam, kehrte ein, fuhr wieder weg, und danach hat man dann schnell wieder aufgebaut." [5]

Adolf Hitler geleitet Chamberlain (l.) nach der nächtlichen Besprechung im Hotel Dreesen zum Wagen, September 1938

Der englische Premier Chamberlain (l.) und der britische Botschafter Henderson auf der Terrasse des Kurhotels Petersberg, 1938

Am 22. November 1938 beherbergte der Petersberg zum ersten Mal einen Gast von Staats wegen. Den britischen Premierminister Neville Chamberlain, der sich mit Adolf Hitler zum Krisengespräch traf. „Für den Petersberg war es das erste Mal, dass er in der internationalen Politik überhaupt eine Rolle spielte. Denn der Besuch Chamberlains in dieser dramatischen Situation der Sudetenkrise rief natürlich internationale Presse auf den Plan, und die war dann auch auf dem Petersberg und hat sein Kommen und Gehen dokumentiert." [5]

Mit der Sudetenkrise stand viel auf dem Spiel. Die Verhandlungen sollten den Ausbruch eines neuen, großen Krieges verhindern. „Das Treffen 1938 ist sicherlich eine wichtige Begebenheit gewesen. Chamberlain wohnte hier oben, das entsprach natürlich auch den Ansprüchen eines britischen Premierministers. Adolf Hitler hatte gewisse Vorzüge für das Rheinhotel Dreesen. Sozusagen unten gegenüber auf der anderen Rheinseite." [6]

Beide Unterkünfte lagen günstig. Nicht allzu weit vom Kölner Flughafen entfernt. Nur vierzig Autominuten trennten die beiden Hotels.

Dieter Streve-Mülhens

„Ich fand es erstaunlich, dass Hitler unten im Rheinhotel Dreesen wohnte und Chamberlain oben auf dem Petersberg. Ich hätte von der Psychologie her immer gedacht, dass Hitler lieber auf Herrn Chamberlain runter geguckt hätte." [3]

Das Rheinhotel kannte Hitler schon aus den 1920er Jahren. Ein vertrauter Ort, darum wurden auch die Gespräche überwiegend hier geführt. Hitler blieb bei seinen Forderungen. Chamberlain setzte auf Nachgiebigkeit. Die Gespräche scheiterten. Hitler ließ sich auf dem Weg in den Weltkrieg nicht aufhalten.

Die Zerstörungen des Zweiten Weltkriegs trafen den Petersberg nicht direkt. Dennoch musste das Hotel schließen, wurde zwischenzeitlich als Lazarett genutzt. Das Gebäude aber blieb weitgehend intakt.

„MONTE VETO"

1949 wurde zum Schlüsseljahr für den Petersberg: Die alliierten Hohen Kommissare ernannten ihn zu ihrem Amtssitz. 116 Sitzungen hielten die westlichen Besatzungsmächte im Hotel ab. „Die Räume konnten sofort genutzt werden, es war für Siegermächte auch repräsentativ genug. Alle anderen Einrichtungen in Berlin, Köln oder anderswo waren ja zerstört. Da waren Trümmer, da war Staub, da war Dreck – aber hier konnten sie ganz gut zusammenkommen. Und von hier aus regieren." [6]

Elmar Scheuren

„Allein dadurch, dass die Hohen Kommissare sich auf dem Petersberg installiert haben, war der Berg etwas Besonderes. Er war die Machtzentrale im besetzten Deutschland zumindest für die drei Westzonen. Dadurch hatte er schon diese enorme Bedeutung." [5]

Bundeskanzler Konrad Adenauer verlässt das Gästehaus Petersberg, Sitz der drei Hohen Kommissare für die BRD.

Legende oder Wahrheit? Auf dem Teppich stehend stellt Adenauer den Hochkommissaren auf dem Petersberg das erste Kabinett vor.

Ein idealer Ort für die alliierte Hohe Kommission: In luftiger Höhe thronte sie über den Besiegten. Nur wenige Kilometer entfernt wurden die Grundlagen für die Bundesrepublik gelegt. „Die Vermutungen gehen sogar so weit, dass die Unterbringung der alliierten Hohen Kommissare auf dem Petersberg eine Rolle dabei gespielt hat, dass letzten Endes die Entscheidung für Bonn als Bundeshauptstadt gefallen ist. Die Kommissare haben ihrerseits vor der entscheidenden Abstimmung das Signal gegebenen, wenn denn Frankfurt Hauptstadt würde, dann müsse aber auch die deutsche Regierung die Kosten des Umzugs übernehmen." [5]

Im Mai 1949 wurde Bonn provisorische Hauptstadt. Im September folgte die Bildung der ersten Bundesregierung.

Bundeskanzler Konrad Adenauer fuhr oft auf den Petersberg. Wichtige Entscheidungen musste er hier genehmigen lassen. Angeblich bezeichnete er den Berg als „Monte Veto". Hier wurde auch das Besatzungsstatut unterzeichnet. Ein heikler Moment. „Adenauer hat das ja selbst beschrieben in seinen Memoiren, dass der Hohe englische Kommissar ihm habe signalisieren lassen, dass er bei der Überreichung des Besatzungsstatuts nicht auf den Teppich treten sollte." [6]

Angeblich setzte sich der Bundeskanzler über diese Vorgabe hinweg. „Er wollte signalisieren: Hier bin ich, Konrad Adenauer, der erste Repräsentant für die neue Regierung in Deutschland, und ich will hier auf Augenhöhe mit Euch sprechen." [6]

Eine Begegnung zwischen Siegern und Besiegten oder doch unter Gleichen? Realität oder politische Legende? „Das ist sicher eine der schönsten Geschichten, die vom Petersberg erzählt wird. Wenn man ihr allerdings auf den Grund geht, dann haben wir zumindest bei unseren Recherchen festgestellt, dass das offizielle Protokoll darüber gar nichts sagt. Und ob es inoffiziell überhaupt so vereinbart war, da sind auch Zweifel erlaubt. Denn selbst der Protokollchef, den wir noch befragen konnten, wusste nichts davon, dass es eine derartige Vereinbarung gab." [5] „Diese Teppichgeschichte hat sich über Jahrzehnte als politisches Märchen fortentwickelt. Und vielleicht auch als politische Realität in damals schwieriger Zeit." [6]

Mit der Unterzeichnung des Deutschlandvertrags endete 1952 die Arbeit der Hohen Kommissare. „Als die Hohen Kommissare dann abgezogen sind, musste das Haus natürlich als Hotel wieder neu hergerichtet, neu möbliert, dekoriert werden. Das wurde im Wesentlichen unter der persönlichen Federführung meiner Großmutter gemacht. Das Haus ist dann so bald wie möglich wieder eröffnet worden." [3]

BRUCHPILOT BRESCHNEW

Aus dem ehemaligen Kurhotel sollte wieder eine erste Adresse werden. Ein Treffpunkt der eleganten Welt, ganz im Stil der 1950er Jahre: heiter und behaglich, mit gepflegtem Understatement. Das Konzept ging auf: Der Ansturm der Besucher übertraf alle Erwartungen.

Oben auf dem Berg konnte man die neue Zeit schon genießen. Im nahe gelegenen Bonn waren die Umbauten noch in vollem Gang. Es mangelte an Gebäuden für Ministerien und Behörden. Und wohin mit den Staatsgästen? „Bonn war ja eine provisorische Hauptstadt, und deshalb hat die Regierung vorhandene Gebäude umgebaut. Da waren die Villa Hammerschmidt und das Palais Schaumburg. Unten am Rhein war das Bundeshaus auch schon vorhanden, wurde dann umgebaut. Man suchte natürlich eine repräsentative Bleibe für Staatsgäste, die ja dann schon ziemlich früh in die Bundesrepublik zu Besuch kamen, um auch wirtschaftliche Kontakte zu knüpfen." [3]

Der erste Staatsgast, Kaiser Haille Selassi aus Äthiopien, reiste 1954 im Salonwagen an. Mit einem roten Teppich und einem 80 Meter langen Baldachin erwies man seiner Majestät die Ehre. „Ich kann mich gut erinnern: Der kam aus

Die persische Kaiserin Farah Diba Pahlevi und Wilhelmine Lübke, die Ehefrau des Bundespräsidenten (r.), 1955

Außenminister Klaus Kinkel (2.v.r.) und Jassir Arafat, Vorsitzender des Exekutivkomitees der PLO (l. neben ihm), bei einer Pressekonferenz

Der nepalesische König Mahendra Bir Bikram Shah Dev mit Bundespräsident Heinrich Lübke und Bundeskanzler Ludwig Erhard, 1964

US-Präsident Bill Clinton (l.) und Bundeskanzler Helmut Kohl beim Toast vor dem Essen, Juli 1994

Bonn und fuhr zurück zum Petersberg und musste wie alle Sterblichen an der Königswinterer Eisenbahnschranke warten, weil die Güterzüge vorbeikamen. Da standen ein paar Kinder, die gerade aus der Schule kamen und bestaunten diesen dunkelhäutigen Herrn hinten in dem großen Mercedes. Und er hatte Spaß an denen, und hat dann das Fenster geöffnet und Goldmünzen an die Kinder

Königin Elizabeth II. im Gespräch mit ihrem Gast Bundespräsident Heinrich Lübke während eines Gala-Dinners im Hotel Petersberg am 19. Mai 1965. Rechts Prinz Philip, der Gatte der Queen.

verteilt. Das war natürlich sensationell.“ [3] Ein Provinz-Bahnhof und ein strenges Protokoll. Staatsbesuche hatten ihre Tücken in den Anfangsjahren der Republik.

Wenn hoher Besuch kam, war das Hotel für Touristen geschlossen. Die Politik hatte Vorrang, auch bei kurzfristigen Staatsbesuchen.

Der Petersberg wurde zum Treffpunkt der Politik und der Bonner Gesellschaft, die ihre Auftritte auf dem feinen Parkett erst üben musste. Sie lernte rasch, wie man Majestäten begrüßt und zu welchen Gelegenheiten man Frack und Abendkleid trägt. Auch die persische Kaiserin Soraya war 1955 unter den illustren Besuchern, für die man oben auf dem Berg glanzvolle Empfänge ausrichtete. Und für den Staatsbesuch von Queen Elizabeth 1965 musste das Hotel Petersberg sogar kurzfristig zur Residenz erklärt werden. Denn eine Königin darf nicht in einem Hotel für Normalsterbliche wohnen. Mit 21 Salutschüssen wurde die Queen am Köln-Bonner Flughafen begrüßt. Während ihrer Fahrt nach Bonn säumten Tausende Schaulustige die Straßen. Über 40 Stunden dauerten die Fernsehübertragungen ihrer elftägige Reise. Es war der teuerste und längste Staatsbesuch, den die junge Republik zu bewältigen hatte. Auf dem Petersberg verbrachte die Queen die ersten beiden Tage ihres Besuchs.

Die Queen brachte für den Empfang von 600 Gästen nicht nur ihr eigenes Tafelsilber mit, sondern sogar noch britisches Wasser für ihren Tee. „Dieser Queen-Besuch war quasi eine inoffizielle, aber umso wichtigere Anerkennung Deutschlands in der internationalen Völkerfamilie. So wurde er verstanden. Die Queen auf deutschen Illustrierten konnte das nur untermauern. Man war einfach stolz darauf, dass ein solcher Besuch überhaupt stattfinden konnte. Dementsprechend lieferte der Petersberg das Dekor dafür. Das war natürlich auch für diesen Ort etwas sehr Besonderes." [5] Auf dem Petersberg – so schien es – gelang die Anerkennung in der Welt.

Doch nur drei Jahre nach diesem glanzvollen Höhepunkt musste das Haus schließen. Es hatte die Bühne geboten für 31 Staatsbesuche – nun stand es vor dem Aus. Das Nebeneinander von Gästehaus und Hotel hatte sich nicht mehr gerechnet. Es wurde jedoch weiter gepflegt und bewacht. Aus Sorge vor Plünderungen.

Gerüchte und Spekulationen über seine Zukunft machten die Runde. „Aber der Petersberg hatte natürlich eine latente Problematik. Insbesondere das rheinische Wetter. Im Frühjahr, im Sommer und im Herbst kann das wundervoll sein. Aber im Winter ist es dann eher traurig. Staatsbesuche fanden ja nun nicht dauernd statt, sondern nur hier und da. Und so war es dann für die Pächter des Petersbergs auf Dauer sehr schwierig, über das Jahr eine ausgeglichene Bilanz zu erwirtschaften. Jedenfalls haben die den Pachtvertrag dann nicht verlängert." [3]

Vier Jahre nach der Schließung verhalf die große Politik dem Petersberg zu neuem Leben. Das Haus öffnete sich noch einmal für einen Besuch, den kurz zuvor niemand für möglich gehalten hatte. Leonid Breschnew kam als erster Staatsgast aus der Sowjetunion in die Bundesrepublik. „Der Besuch von Leonid Breschnew 1973 in Bonn war natürlich eine ganz schwierige und auch eine ganz wichtige Visite. Dafür brauchte man einfach einen Platz, den man sehr gut absichern konnte, rein sicherheitstechnisch. In der Not, einen geeigneten Ort zu finden, wurde das Hotel für diesen Zweck noch einmal groß renoviert. Eine neue Heizung musste eingebaut und ähnlicher Aufwand betrieben werden. Also eine sehr teure Maßnahme, damit Breschnew ein paar Tage auf dem Petersberg würdig und vor allem sicher untergebracht werden konnte." [5]

Noch eine Woche vor seiner Anreise war unklar gewesen, wie die genaue Reiseroute verlaufen sollte. Aus Furcht vor Anschlägen planten sowjetische Sicherheitsbeamte sogar, dass der hohe Besucher sein Hotel auf dem Petersberg gar nicht verlassen sollte. Doch Breschnew wollte sich nicht einsperren lassen. „So ein hoher Gast aus Moskau, von dem man sich für die Zukunft ja viel versprach, sollte auch ein vernünftiges Gastgeschenk bekommen. Deswegen hatte man

Vor der zu schnellen Serpentinenfahrt am 19. Mai 1973: Der sowjetische Staats- und Parteichef Leonid Breschnew (2.v.r.) steigt in den Mercedes 450 SLC. Bundeskanzler Willy Brandt (l.) als stiller Beobachter.

recherchiert im Kreml und herausgefunden, dass Leonid Breschnew ein passionierter Autofreak ist." [6] „Er bekam ein Mercedes Sport-Coupe, und war dann sehr begeistert und wollte das sofort ausprobieren." [3]

„Er fuhr hier los. Wir standen hier vor der Tür, aber schon nach relativ kurzer Zeit kam eine gewisse Unruhe auf. Keiner wusste, was geschehen war. Nachher klärte sich das auf, dass er doch etwas schnell die Serpentinen vom Petersberg hinunter gefahren war." [6] „Jedenfalls endete das irgendwo in der Böschung. Das Auto war sehr stark beschädigt und wurde dann diskret abtransportiert. Am nächsten Tag war dann wieder ein neues Auto für Herrn Breschnew da." [3]

AUSVERKAUF UND BORDELLPLÄNE

Für vier Tage war das Haus zum Leben erweckt worden, mit der Abreise von Leonid Breschnew verfiel es erneut in den Dornröschenschlaf. Aber vorher bekamen zum ersten Mal Fernsehteams Zutritt ins Allerheiligste. Sie zeigten, wie der hohe Besuch auf dem Petersberg logiert hatte. Ein Blick in eine bis dahin verborgene Welt.

PETERSBERGER GESPRÄCHE

„Ich habe als Außenminister hier oben für Deutschland gegessen und getrunken. Und natürlich mit jedem höheren Staatsgast auch Gespräche geführt. Die waren ja hier untergebracht. Da sind schon entscheidende Dinge besprochen worden.“

**Klaus Kinkel, Außenminister von
1992 bis 1998**

Die folgenden Staatsgäste quartierte man fortan im nahe gelegenen Schloss Gymnich ein. Die Zukunft des Petersbergs blieb über viele Jahre unklar.

Im März 1979 kaufte die Bundesrepublik den Berg samt Hotel und Kapelle für 18,5 Millionen Mark. Das Haus sollte komplett renoviert werden. Zunächst wurde das geschichtsträchtige Mobiliar versteigert. Bereits am ersten Tag nahm man 800.000 Mark für Möbel und Geschirr ein. Der Ausverkauf einer Legende. „Es ist ja wirklich vom Kaffeelöffel bis zum Himmelbett alles unter den Hammer gekommen. Bis vor ein paar Jahren traf man in den Cafés oder Kneipen im Rheintal immer wieder auf alte Kaffeekännchen, wo der Name Petersberg drauf stand.“ [2]

Die Renovierungspläne wurden dann doch bald auf Eis gelegt. Das Haus verfiel von Jahr zu Jahr. Erst 16 Jahre nach der Schließung begannen die Bauarbeiten. Ursprünglich sollte der denkmalgeschützte Bau so weit wie möglich erhalten bleiben. Doch daraus wurde nichts. Am Ende waren es nach Schätzungen von Denkmalschützern nur fünf Prozent.

Nicht der einzige Skandal: Die Baukosten explodierten auf 130 Millionen Mark. Erst 1990 konnte das Hotel eröffnet werden: hergerichtet sowohl für ganz normale Gäste als auch für Staatsbesuche. Doch diesmal zog die große Politik am Petersberg vorbei. Mit Berlin als neuer Hauptstadt wurde das Gästehaus am

Rhein überflüssig. Was einst als Aushängeschild der Bundesrepublik geplant war, galt nun nur noch als Übergangslösung. „Also vom Speisesaal, auch der Rotunde, bis hin zu den normalen Zimmern war alles doch sehr bescheiden. Natürlich haben deutsche Beamte dafür gesorgt, dass dann die Gästedelegationen, relativ groß auch mit Beamten und Angestellten aus anderen Ländern, nicht allzu üppig hier untergebracht wurden." [6]

„Ich habe immer so den Eindruck gehabt: Es herrscht hier oben immer eine ganz besondere Atmosphäre. Das hat sich meiner Meinung nach auch auf die Arbeit, auf die Politik niedergeschlagen. Das ist für mich so das Besondere an diesem Mythos Petersberg." [2]

Peter Neuß

Mit 11 Suiten, 88 Gästezimmern und 15 Tagungsräumen war der Petersberg in den 1990er Jahren aber noch immer eine gefragte Adresse für internationale Gespräche und Konferenzen. Von Jassir Arafat bis hin zu Michail Gorbatschow – auf dem Petersberg kamen auch im vereinten Deutschland die Mächtigen zusammen. „Hier fand nicht nur politisches Repräsentieren statt, hier gab es harte Arbeitssessions, es wurde auf verschiedensten Ebenen inhaltlich stark gerungen. Es war immer eine Arbeitsatmosphäre, die zum Teil auch mit sehr viel Druck verbunden war." [2]

Im November 2001 rückte der Petersberg noch einmal in den Mittelpunkt des Weltgeschehens. Kurz nach dem Anschlag auf das World Trade Center und dem Beginn des Afghanistankriegs wurde auf dem Petersberg über die Zukunft des tief zerrissenen Landes verhandelt.

Die Delegierten auf der Afghanistan-Konferenz, 2001

Dem Mythos zum Trotz versuchte die Bundesregierung den Petersberg ab 2011 zu verkaufen. Über zwei Jahre fand sich kein Bieter, der ein realistisches Konzept vorlegen konnte. „Es gab immer so drei diskutierte Möglichkeiten: Die einen sagten, man macht hier am besten eine hochspezialisierte Klinik für reiche Scheichs auf, andere schlugen vor, hier ein

Exponierte Lage hoch über dem Rhein: Auf dem Petersberg wurde Geschichte geschrieben.

Spielcasino einzurichten. Wieder andere meinten: Beides läuft nicht, am besten macht man ein Edelbordell fernab von der Hauptstraße. Man ist hier dann kuschelig zusammen. Alle drei Möglichkeiten waren illusorisch." [6]

Die Bundesregierung hat ihre Verkaufsabsichten aufgegeben. Der Petersberg soll demnächst saniert werden und weiter Hotel bleiben. Damit bleibt ein legendärer Ort mit großer Geschichte erhalten.

Friedhelm Ost

„Wir haben viele Denkmäler in Deutschland, die an die dunklen Zeiten unseres Landes erinnern, an die Nazibarbarei und viele andere Dinge, an die zwei schrecklichen Weltkriege. Der Petersberg ist sozusagen ein Symbol, ein Denkmal für die Entstehung unserer Bundesrepublik Deutschland im Jahre 1949. Weil das natürlich auch für die jüngere Generation ein Ort ist, von dem Signale in Richtung einer lebendigen Demokratie ausgegangen sind." [6]

Quellen:

1 Klaus Kinkel, 1992–1998 Außenminister

2 Peter Neuß, ehemaliger stellvertretender Hoteldirektor

3 Dieter Streve-Mülhens, Urenkel des Hotel-Erbauers Ferdinand Mülhens

4 Georg Kalckert, ehemaliger Pfarrer in Königswinter

5 Elmar Scheuren, Leiter des Siebengebirgsmuseums

6 Friedhelm Ost, 1985–1989 Chef des Presse- und Informationsamtes der Bundesregierung

REGIERUNGSBUNKER

REGIERUNGSBUNKER

Tief unter den Weinbergen des beschaulichen Ahrtals, dreißig Kilometer südlich von Bonn, liegt ein Ort, von dem die Öffentlichkeit eigentlich nie erfahren sollte: der geheime Atombunker der Bundesregierung. Jenes gewaltige unterirdische Labyrinth aus 17 Kilometer Betonröhren war das streng gehütete Staatsgeheimnis Nummer 1, um das sich gleichwohl seit dem ersten Spatenstich wilde Gerüchte rankten.

> *„Das ist für mich Deutschlands einsamster Ort. Da ist es dunkel, da ist es mucksmäuschenstill. Man ist irgendwie weg und bewegt sich in einem Mysterium. Es ist schon faszinierend, dass man hier unter den Bergen tagelang herumrennen kann."* [1]

Das Ahrtal ist bekannt für seinen Rotwein und den Rotwein-Wanderweg. Ein friedlicher Flecken, nicht weit von Bonn entfernt. Von einer eigenen Welt unter den Weinbergen ahnten nur wenige etwas. Die umliegende Gegend trägt jedoch Spuren von Bauwerken, die offiziell gar nicht existierten: ein seltsames Antennenfeld im nahen Eifelwald oder fensterlose Betonklötze auf den Bergen oberhalb der Ahr, alle paar hundert Meter einer. „Besucher gingen über die Weinberge und sahen, dass sich dort irgendwas tut. So etwas spricht sich ja schnell herum." [2]

Die Schreckensvisionen des Atomkriegs gaben den Anstoß zum Bau des Bunkers. In den 1950er Jahren forderte die Nato von jeder Mitgliedsregierung, sich einen Fluchtort für den Ernstfall zu bauen. Bundeskanzler Konrad Adenauer war kein Freund dieser Idee. Er überließ die Umsetzung seinen Ministerialbeamten, einer verschworenen Männerrunde aus Kriegsgenerälen und Notstandsbürokraten. Sie sollten in aller Stille einen atomsicheren Bunker planen. Für die Funktionärselite des Staates. „Der Bundespräsident, der Bundeskanzler, das Bundesverfassungsgericht, kurz alle Institutionen, die Namen den Begriff ‚Bund' tragen – also

STAATSGEHEIMNIS NUMMER 1

Eine der zurückgebauten Tunnelröhren des Regierungsbunkers im Ahrtal. Grundlage für den Bau in den Bergen des Ahrtals waren zwei vergessene Eisenbahntunnel aus dem Ersten Weltkrieg, die niemals in Betrieb gegangen waren.

Großbaustelle in einem kleinen Seitental der Ahr: In zwei ausrangierte Eisenbahntunnel bauen zwischen 1962 und 1971 insgesamt 25.000 Arbeiter den Regierungsbunker der Bundesrepublik Deutschland ein.

auch die Bundesbank oder die Bundesbahn – wären damals mit in den Regierungsbunker eingezogen. Die Geheimdienste natürlich, BND, Verfassungsschutz und der militärische Abschirmdienst." [3]

Die Suche nach dem Standort begann: Möglichst abgelegen und dennoch nah an der Hauptstadt Bonn sollte er sein. Die Planer stießen auf eine Bauruine unter den Hügeln des Ahrtals. Zwei nie fertiggestellte Eisenbahnstollen aus der Kaiserzeit, zwischen Dernau, Marienthal und Ahrweiler. Nur wenige hatten diese Röhren je betreten – im Zweiten Weltkrieg. „Ein Teil der Tunnelröhre wurde frei gegeben für die Zivilbevölkerung, weil die Ahr-Strecke sehr stark bombardiert wurde. Da war jeden Tag Fliegeralarm und dann wurde bombardiert. Ich kannte die Tunnelatmosphäre schon als Kind." [4]

EINE STADT UNTER DER ERDE

Die Tunnel boten nicht nur Schutz. Häftlinge aus dem Konzentrationslager Buchenwald arbeiteten dort an der sogenannten „Wunderwaffe V2". Nach Kriegsende fielen die Stollen in Vergessenheit. 15 Jahre lang. Ein Glücksfall für die Bun-

EIN BUNKER NUR FÜR DIE ELITE

„Für die Bevölkerung gab es hier im Regierungsbunker keinen Platz. Das ist sehr undemokratisch, und aus diesem Grund musste es auch so geheim gehalten werden."

**Heike Hollunder, Leiterin der
Dokumentationsstätte Regierungsbunker**

kerplaner. So kam das Staatsgeheimnis Nummer 1 ins Ahrtal. Nach acht Jahren Planung begannen 1959 die Bauarbeiten. Lore Berthel, damals Sekretärin der Bauleitung, erinnert sich: „Ich war noch recht jung, als ich hier anfing, und ich muss sagen, es war eine aufregende Zeit. Weil eben alles so schön geheim war und ich etwas wusste, was die anderen nicht wissen durften."

„Schön geheim", das war es auch für all die Arbeiter, die von überall ins Ahrtal kamen, um eine ganze Stadt unter der Erde zu bauen. Aber ein solches Mammutprojekt ließ sich natürlich nicht verheimlichen. Walter Schürmann, Bewohner des Ahrtals und später Techniker im Regierungsbunker, weiß: „Es lief zwar alles sehr geheim ab, aber wer hier wohnte, der wusste das. Und dann gab es ja einen Haufen Leute, der hier schwer gearbeitet hat. Dadurch konnte das gar nicht verschwiegen werden."

Nach Dernau, Ahrweiler und Marienthal kamen fast 25.000 Bergleute, Sprengmeister, Maurer oder Elektriker. Das kleine Ahrtal erlebte einen großen Aufschwung. „Das boomte alles hier! Das war zu einer Zeit, als eben noch gut bezahlt worden ist." [2]

Zwölf Jahre lang wühlten sich die Bautrupps in die Ahrberge hinein. Davon profitierte auch die über der Erde lebende Bevölkerung. „Wenn eine Betonprobe

Dernau an der Ahr Ende der 1960er Jahre, im Foto durch die DDR-Auslandsaufklärung festgehalten. In der Bildmitte markiert die weiße Fläche im Berg einen der Eingänge in den künftigen Regierungsbunker, der noch im Bau ist. Die Dokumentation der DDR-Spionage zu diesem Objekt ist lückenlos und reicht von der Bauzeit über die Übungen im Bunker bis zur Auflösung der DDR-Staatssicherheit 1990.

nicht den Qualitätsanforderungen entsprach, dann durfte der Beton nicht eingebracht werden. Damit wurden dann die Weinbergwege gepflastert, und die Weinbauer freuten sich, dass sie nicht mehr durch die Schlaglöcher fahren mussten." [2]

Ein Segen für die Region – von dem allerdings offiziell niemand wissen durfte. Denn alle Mitarbeiter waren zum Stillschweigen verpflichtet.

„Wenn ich jemandem gesagt habe, dass ich in Marienthal arbeite, dann wusste derjenige schon: Der arbeitet im Bunker, und der sagt nichts von dem, was er da macht und was da passiert." [4]

Walter Schürmann

TARNNAME „ROSENGARTEN" UND HONECKERS HÄME

Selbst das Wort „Regierungsbunker" war tabu. Stattdessen gab es Tarnnamen wie „Berggeist" – oder „Rosengarten", frei nach dem obersten Dienstherrn und Rosenfreund Konrad Adenauer. Doch eine Idylle war die Arbeit am Bunker nicht. Überflutungen, Maschinenunglücke, Gesteinsbrüche, Gasentwicklung und Brände behinderten den Bau. Ganze Hänge rutschten ab. Die Arbeiter riskierten ihr Leben. Offiziell jedoch war all dies nie passiert. „Weil es den Bunker nicht gab, konnte so etwas halt nicht passieren ..." [2]

Der Bergmann Gerhard Wentzek starb im Januar 1965 im Bauteil West an einer Kohlenmonoxidvergiftung. Seine Familie erfuhr die Umstände seines Todes erst 40 Jahre danach. Der Bunkerforscher Jörg Diester erzählt: „Die Familie hat mir auch erzählt, wie der Staat anschließend mit ihnen umgegangen ist. Da ging es nur um die Sorge: Hoffentlich gelangt auf diesem Weg nichts nach außen! Im Nachhinein sind von der Kriminalpolizei noch die Kleidungsstücke untersucht worden, die man längst bei der Familie abgegeben hatte, ob da irgendwo noch ein Bauplan drin ist, den man vermisste."

Die Pläne wurden als Nato-Geheimsache weggesperrt, im Panzerschrank der Bauleitung. Zuvor gingen sie alle über den Tisch von Lore Berthel: „Es war auch so, dass ich mich in der Zeit – vor allem im Dunkeln – selten irgendwo alleine aufhalten wollte und auch konnte, weil ich immer ein wenig ängstlich war. Man hätte mich ja irgendwie schnappen und erpressen können. Vorsichtig war ich auch in Bezug auf den Weinkonsum. Denn bei einem Glas zuviel hätte man mich vielleicht leicht ausfragen können."

Tatsächlich durchkämmten Spione aus Ost-Berlin seit Baubeginn das Ahrtal auf der Jagd nach Spuren des Bunkers. „Honecker wusste schon sehr, sehr früh, wo sich der Westregierungsbunker befindet, der, wie er aussieht und welche baulichen Details er hat." [3]

Die Agenten der Staatssicherheit machten Dutzende von Fotos vom hochgeheimen Regierungsbunker. Sogar in Moskau kannte man die genaue Lage – die Koordinaten waren als Ziel in sowjetische Atomraketen einprogrammiert.

„Das ging so weit, dass ein Journalist, der in den 1980er Jahren über das Thema recherchierte, auf die grandiose Idee kam, Ostberlin um die Lieferung der Baupläne zu bitten. Natürlich hat sich der Osten den hämischen Spaß gemacht und ihm die entsprechenden Pläne zugeschickt." [1]

Versteckt hinter Tarnnetzen wird an einem Bunkerabschluss gearbeitet, für den bereits eines von zwei Rolltoren mit 25 Tonnen Gewicht aufgestellt ist.

Tarnnetze sollen neugierige Blicke auf das Staatsgeheimnis im Berg erschweren, sorgen mit ihrem Erscheinungsbild allerdings selbst für Aufmerksamkeit und markieren weithin sichtbar die Eingänge zum Regierungsbunker (im Bild Dernau mit dem westlichsten Bunkerzugang).

Das Staatsgeheimnis Nummer 1 war im Osten gut dokumentiert. Auch das technische Herzstück der Anlage: die rollenden Außentore. Sie entstanden unter freiem Himmel, hinter turmhohen Tarnnetzen, und sollten die Anlage gegen die Druckwelle schützen, die bei einer Atombombenexplosion entstanden wäre. 25 Tonnen Beton pro Tor gegen die Wucht von Nuklearwaffen. Öffnen durfte sie stets nur ein einziger Mann. „Der Kommandant in der Kommandozentrale hatte eine Kamera und eine Gegensprechanlage. Wenn alles in Ordnung war, hat er den Befehl zum Öffnen des Tores gegeben. Danach wurde das Tor wieder zugefahren. Dann ging es zum zweiten Tor, an dem es auch wieder eine Kamera gab." [4]

Acht solcher Tore schotteten den Bunker von der Außenwelt ab. Ihr Status: Bombensicher, Stand 1945!

Jörg Diester

„Das Innenministerium wusste natürlich ganz genau, dass die Hiroshima-Bombe für die 1960er Jahre keine Option war, um eine Staatsführung anzugreifen, sondern dass es eine Waffe mit viel größerer Sprengkraft sein würde. Auf die Frage, ob es eine 5-Megatonnen-Waffe schaffen würde, den Bunker zu zerstören, haben die Ingenieure wahrheitsgemäß gesagt: ‚Natürlich würde die das schaffen. Dafür ist es überhaupt nicht gebaut wurden.' So ist man auseinander gegangen und hat sich darauf verständigt, dass der Feind nicht mit einer solchen Waffe angreift." [1]

Bei seiner Fertigstellung nach zwölf Jahren erstreckte sich das Bunkersystem auf 17,3 Tunnelkilometer. Eine komplette Kleinstadt unter Tage. Der Bunker funktionierte wie ein autarkes Raumschiff, mit Tiefbrunnen und Stromnetz, einem komplexen Lüftungssystem und endlosen Kilometern an Kabeln und Versorgungsrohren. Es gab allein 936 Schlafzellen und 897 Büroräume.

NOTPARLAMENT UNTER TAGE

Der Dritte Weltkrieg begann am 17. Oktober 1966, 8.30 Uhr. Bundestags-Abgeordnete waren eingerückt – zur Übung im neuen Regierungsbunker. An der Aktion „Fallex 66" waren insgesamt über 1.200 Ministerialbeamte und Militärs und 44 Bundestagsabgeordnete, darunter auch Innenminister Paul Lücke (CDU), beteiligt. Vier Tage und vier Nächte verbrachten die Bonner Abgeordneten als

Notparlament unter Tage. Diese erste Übung war der Beginn eines Rituals, das sich alle zwei Jahre wiederholte. Mehrere Generationen von Politikern mussten den Atomkrieg üben. Gerhart Baum, von 1978 bis 1982 Bundesinnenminister, erinnert sich: „Es war fremd und ziemlich spartanisch. Aber eben perfekt, es war alles da. Hier so eine perfektionistische kleine Stadt vorzufinden! So etwas hatte ich vorher nie gesehen."

Einzelzimmer gab nur für zwei Funktionsträger: den Bundeskanzler und den Bundespräsidenten. „Bundespräsident Horst Köhler war 2008 hier mit seiner seine Frau zu einer Besichtigung. Wir haben ihm sein Zimmer gezeigt, in dem es nur ein Bett im Schlafraum gab. Seine Frau fragte daraufhin, wo denn ihr Platz gewesen sei. Da mussten wir ihr leider mitteilen, dass für sie kein Platz im Regierungsbunker vorgesehen war. Sie hätte draußen bleiben müssen. Das hat sie schon sehr geschockt." [3]

Einlass nur für Funktionsträger – das galt für alle. Selbst für die Männer, die die Anlage am Laufen hielten, wie Walter Schürmann erläutert. „Man durfte also keine Familienangehörigen mitbringen, und wir waren ja nun verpflichtet, hier auch im Ernstfalle in den Bunker reinzugehen und hier die Anlage zu betreiben." Seine Frau Ingeborg ergänzt: „Er hat immer zu mir gesagt: Wenn es ernst wird – die im Bunker wissen ja als erste Bescheid – bist du sofort weg. Der hätte mich sofort mit den Kindern nach Bayern geschickt."

Im Ernstfall sollten Kanzler und Minister über ein schnurgerades Teilstück der Autobahn 61 eingeflogen werden. Von einem Behelfsflugplatz aus waren es nur ein paar Kilometer ins unterirdische Kriegshauptquartier: den Regierungstrakt des Bunkers. „Das war das Allerheiligste. Hier haben die allerwichtigsten Besprechungen auch zum Kernwaffeneinsatz stattgefunden. Der Bundeskanzler als Oberbefehlshaber für den Ernstfall saß hier und konnte entsprechend unterrichtet werden, wie die Situation draußen vor der Tür ist." [1]

Dennoch spielte der Bunker im politischen Alltag von Gerhard Baum offensichtlich eine Nebenrolle: „Ich hatte das gar nicht realisiert, dass der Bunker zu meinem Geschäftsbereich gehörte, und mich nie damit befasst. Eines Tages sagte jemand: ‚Herr Minister, Sie müssen sich um den Bunker kümmern.' Wir haben eine Übung abgewickelt, nach den Vorgaben, die es in der Nato gab. Und ich war zu meinem großen Erstaunen plötzlich Bundeskanzler, ‚Bundeskanzler ÜB'. Und setzte mich an den Tisch und leitete eine Kabinettssitzung. Bestimmt stand auf den Akten, die ich hatte, der Stempel geheim. Darin war die Nato-Strategie ablesbar. Das war zu Recht geheim."

Dieses Nato-Drehbuch entfaltete eine apokalyptische Vision: Schritt für Schritt in den Untergang Europas. Die einzige Verbindung nach draußen war die Fern-

25 Tonnen schwere Rolltore sollen den Regierungsbunker im Ernstfall nach außen schützen und 10.000 Grad heiße Luft sowie Radioaktivität zurückhalten. Geparkt in einer Seitentasche der Zugangsbereiche, verschließen sie das Bauwerk bei Alarm in 10 Sekunden.

Dieser Raum ist heute ein Teil im Museum des Kalten Krieges, damals war er als Einzelzimmer nur dem Bundespräsidenten vorbehalten.

Einrichtungsarbeiten im künftigen Operationssaal des Regierungsbunkers (1965), der für eine medizinische Notversorgung 80 Meter unter der Erdoberfläche eingebaut wurde.

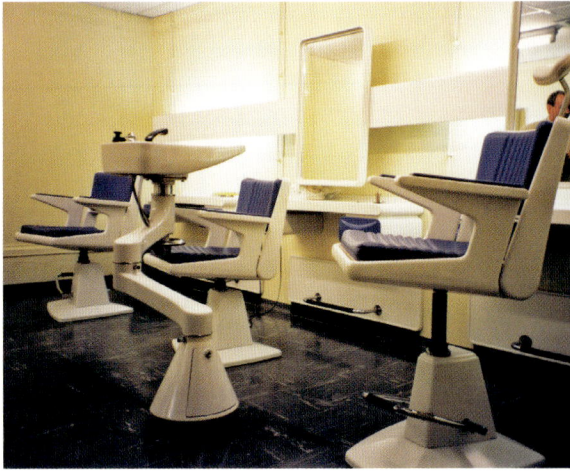

Schneiden, legen, föhnen: Friseursalon im bundesdeutschen Regierungsbunker – einmalig in der Welt, denn Bunker bauen viele, doch einen Intercoiffure gibt es nur hier.

melde-Zentrale. Verschlüsselte Botschaften aus allen Nato-Ländern liefen hier zusammen. Der nächste Schritt im Ernstfallszenario: 3.000 ausgewählte Funktionsträger sollten sich im Bunker vor der Außenwelt abschotten, mit medizinischer Notversorgung, Lebensmitteln, Vorräten und Energie für genau 30 Tage. Und keinen Tag länger.

> *„Man hat sich keine Gedanken gemacht, was am 31. Tag gewesen wäre. Das war in den Drehbüchern nicht vorgesehen."* [3]

Tag 31 blieb ein Tabuthema. Die Bundesregierung kannte die Zahl der Kernwaffen, die man zu erwarten hatte. Schon nach vier Tagen wäre die Bevölkerung nahezu ausgelöscht gewesen.

> *„Was hilft es uns, wenn hier 3.000 Leute überleben und alle anderen um uns herum sind verstrahlt und nicht mehr da? Was soll denn die Regierung dann noch regieren?"* [2]

Lore Berthel

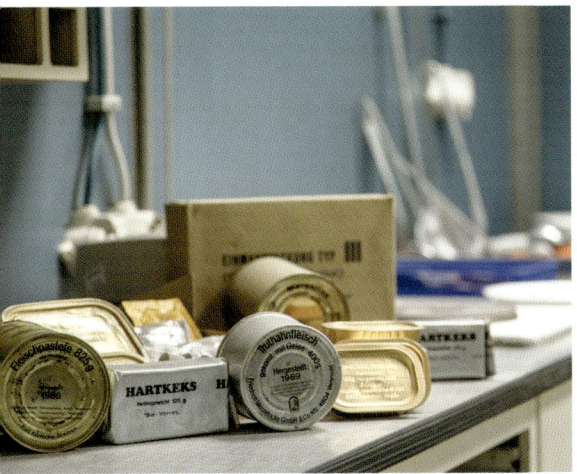

Fleischpastete in der Dose und Margarine aus der Tube: Wichtiger als der kulinarische Genuss war die lange Haltbarkeit der Lebensmittel.

Vorbeugung vor Karies im Atomzeitalter: Auch die Zahnarztpraxis durfte im Regierungsbunker nicht fehlen.

„Das hat mich beschäftigt. Im Grunde war das ganz unbefriedigend. Aber eigentlich ohne Alternative. Es sei denn, man verzichtet in einem solchen Fall überhaupt noch auf die Funktionsfähigkeit des Staates." [6]

Ein funktionsfähiger Staat – aber ohne lebende Bevölkerung. Das war der Grundwiderspruch dieser Anlage. „Es musste auf jeden Fall vermieden werden, dass es zum Krieg kommt, und das war eigentlich die Aufgabe des Regierungsbunkers. Dieses Abschreckungsszenario, dass man eben wusste, wir können uns schützen, wir sind in der Lage, uns zu wehren, auch wenn dann alles vorbei ist." [3]

FREIBRIEF ZUM GELDVERDIENEN

Ein Abschreckungsszenario für 2,4 Milliarden Euro, bis heute die teuerste Einzelinvestition des Bundes. Im Staatshaushalt wurden diese Kosten verschachtelt und unter anderen Posten versteckt. „Man hatte ja in vielen Bereichen sogar einen Freibrief. Immer wenn es um Projektierungsaufträge ging, spielte Geld ja gar keine Rolle. Das war natürlich ein Paradies für die Leute, die ihr Geld mit dieser Anlage verdient haben." [1] So leisteten sich die Bunkerherren sogar einen Frisörsalon, 110 Meter unter der Erde. „Ich kann mir vorstellen, dass der sicher zur ursprünglichen Ausschreibung gehörte. Ob es jetzt zweckmäßig ist oder ratsam, das durfte uns nicht stören. Wenn der Bauherr das wünscht, musste es gemacht werden." [2]

Das Geheimnis unter ihren Füßen beflügelte die Neugier der Menschen. Es kursierten Gerüchte vom Bunkerluxus und von wilden Ausschweifungen. „Die Fantasie um die Anlage hat ja nicht nur die Leute im Ahrtal in einer gewissen Art und Weise stimuliert. Die haben da unten Kaufhäuser, Schwimmhallen und sogar Bordelle vermutet." [1]

Wolfgang Müller absolvierte über 12 Jahre hinweg sieben Bunker-Übungen in der Stabsmeldezentrale, stets freiwillig: „Der erste Eindruck war dieses Och-Gefühl. Riesige Größe, unvorstellbar von den Ausdehnungen, von den Abmessungen. Man hatte erstmal Schwierigkeiten, seinen Arbeitsplatz zu finden. Aber es war nicht besonders üppig eingerichtet. Es gab keinen Fitnessraum, wie man es heute bei solchen Anlagen voraussetzt. Man hat sich Filme anschauen können, die hier vorgeführt wurden. Man konnte in den Kantinen natürlich auch Karten spielen, aber ansonsten gab es hier keinerlei Zerstreuungsmöglichkeiten. Ich hatte im Bunkerteil Ost meinen Arbeitsplatz, es dann aber vorgezogen, im Bunkerteil West zu schlafen. Da hatte ich eine Viererstube für mich, also ein bisschen mehr Privatsphäre."

„Viele haben es als sehr belastend empfunden, das Fenster nicht öffnen zu können, und – abgeschlossen vom Tageslicht – einen Schlafraum mit drei oder vier Menschen, die sie kaum kannten, zu teilen. Es gab aber auch welche, die das super fanden. Zwei Wochen weg von zu Hause, keiner kriegt mit, was hier drinnen genau passiert. Da brauche ich auch nichts zu erzählen. Man hat hier auch gefeiert, und es gab natürlich auch Alkohol." [3] „Männlein und Weiblein schliefen ja getrennt. Nach einer Übung fiel unseren Bauleuten auf, dass in den Schlafräumen die abgehängten Decken entweder zerstört, nicht mehr richtig drin lagen oder Konstruktionen verbogen waren. Da hatten wohl die Männlein oben die Deckenplatten abgemacht, um mal zu schauen, was denn bei den Frauen da drüben los ist." [2]

Anfang der 1980er Jahre hatten sich alle im Ahrtal in behaglicher Routine eingerichtet. Oben war der Rotweinwanderweg, unten der Regierungsbunker. Die wiederkehrenden Übungen empfand mancher wie Ferien vom Alltag. „Es gab so ein Meldebuch. Da konnte man sich austragen und sagen, man gehe jetzt mal drei Stunden durch die Weinberge spazieren. Unten im Marienthal gab es ein

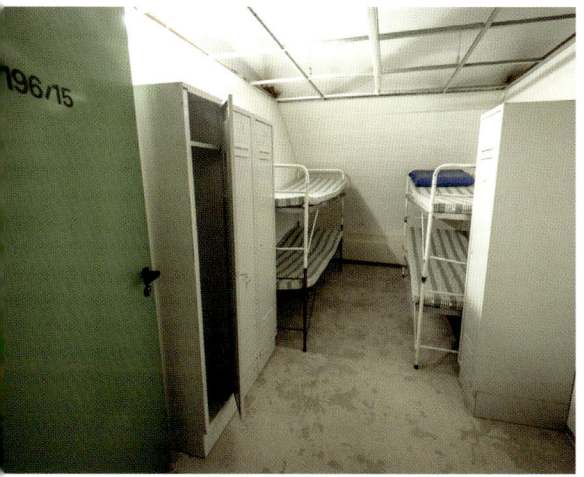

Bedrückend eng und ohne Privatsphäre: die karge Einrichtung einer sogenannten Viererstube

Gediegener Charme: das Mobiliar im „Bundespräsidialamt" im Stil der 1970er Jahre

Gasthaus, in dem wir immer einen Kaffee oder auch mal ein Glas Wein getrunken haben. Der Wirt fragte dann: ‚Ach, schon wieder zwei Jahre rum? Sind sie auch wieder da?'" [7]

> *„Mit einem Atomschlag rechnete eigentlich niemand mehr in dieser Zeit. Es war vorbei. Aber dennoch wurde es noch am Laufen gehalten. Wir alle haben so getan, als gäbe es die Bedrohung noch."* [6]

Und so blieb der Bunker weiterhin 24 Stunden am Tag einsatzbereit, unterhalten von fast 200 Mitarbeitern. Ausschließlich Männer, denn für Frauen waren hier unter der Erde schlicht keine Planstellen vorgesehen. „Der Dienstbeginn war morgens um 7.15 Uhr. Man kam immer beim Pförtner in Marienthal an. Dann setzte man sich auf das Fahrrad und fuhr erstmal zum Büro. Dort wurde der Kittel angezogen, und dann ging es weiter zur Kommandozentrale. Die war Tag und Nacht besetzt. Jede Störung wurde hier registriert, wenn z. B. die Beleuchtung flackerte, also eine neue Röhre eingesetzt werden musste. Das kam häufig vor. Dann setzte man sich auf das Fahrrad und fuhr zum Ersatzteillager." [4] Ob Glühbirnen, Schräubchen oder Rohre – im Ersatzteillager war alles doppelt vorgehalten.

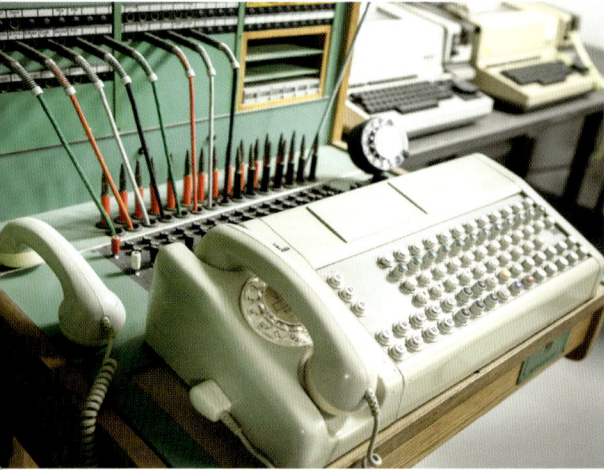

Die einzige Verbindung nach draußen war die Fernmeldezentrale.

Das Fernsehstudio stand für Ansprachen an die Bevölkerung auf Abruf bereit.

ATOMBOMBEN AUF OSTDEUTSCHLAND?

Auch die Nato-Übungen gingen weiter. 1989 sollte ein besonders zerstörerisches Verteidigungsszenario geprobt werden – inklusive Atombomben auf Ostdeutschland. Dies ging der Bundesregierung zu weit. Im März 1989 brach Kanzler Kohl die letzte Übung im Regierungsbunker eigenmächtig ab. „Die Nato kam dann zu der interessanten Wahrnehmung, dass man nicht weiter üben brauche, wenn die Deutschen – als Kriegshauptschauplatz – nicht mitmachen. Dann sei der Dritte Weltkrieg jetzt eben vorbei." [1]

Nur wenige Monate später geschah, womit niemand gerechnet hatte: Die Mauer fiel, der Kalte Krieg ging tatsächlich zu Ende. Der Bunker jedoch blieb alarmbereit und wurde Mitte 1997 sogar noch aufgerüstet. „Da baute man hier noch neue Diesel ein, es wurde noch investiert. Man hatte noch nicht die Absicht, die Anlage hier aufzugeben. Bis im Dezember 1997 das Bundeskabinett beschloss, dass man die Anlage in Marienthal nicht mehr brauche." [4]

„Fast zehn Jahre nach dem Mauerfall! Mich hat gewundert, dass das so spät kam." [6]

1997 war zwar das Ende des Regierungsbunkers beschlossene Sache, nicht aber sein weiteres Schicksal. Der Bund prüfte zunächst einen Verkauf an private Interessenten. „Es gab große Verkaufsanzeigen in allen großen Zeitungen in Deutschland. Es gab sogar ein Verkaufsvideo." [3] Darin wurde das frühere Staatsgeheimnis bis ins letzte Detail präsentiert.

„Es gab dann auch tatsächlich sechzehn ernstzunehmende Interessenten: Bunkerwunderland, Champignonzucht oder Eventhotel, das waren so die Möglichkeiten, die man in Erwägung gezogen hat. Es ist aber nicht dazu gekommen." [3]

Das lag an den Winzern aus dem Ahrtal. Denn laut dem deutschen Bodenrecht galt nicht der Bund, sondern die Grundbesitzer darüber als Eigentümer der Anlage: die Weinbauern rund um Dernau, Marienthal und Ahrweiler. „Der Bunker gehört nicht dem Bund, d.h. er ist zwar Nutzer, aber nicht Eigentümer der Anlage und kann ihn somit auch nicht verkaufen. So ist das bis zum heutigen Tag. Die Anlage selber ist also, wenn man so will, der größte Schwarzbau der Bonner Republik, den es in der bundesdeutschen Geschichte je gegeben hat." [1]

Diesen Schwarzbau wollte die Regierung jetzt nur noch loswerden. „Das war nicht schön, mitanzusehen, wie alles zerdeppert wurde. Es wurde ja nicht sehr vorsichtig umgegangen mit den Geräten, die wir 30 Jahre gepflegt hatten. Das hat schon ein bisschen wehgetan." [4]

Vom Kabinettssaal bis zur Fernmeldezentrale ließ der Bund alles entfernen – anstatt den Bunker einfach nur zu schließen, wie sonst üblich bei solchen Anlagen. Stollen für Stollen wurde die Anlage entkernt. Nur einmal standen die Maschinen still – nach dem Anschlag vom 11. September 2001 in New York. Ob man den Bunker doch noch einmal brauchen könnte? Die Abrisswut war jedoch stärker als jede Terrorangst. Nichts sollte zurückbleiben. Nur die Rolltore blieben. An ihnen scheiterten selbst die stärksten Bagger. Und die Pforte am Eingang Marienthal West. Sie lag knapp außerhalb des Bunkergeländes. Das Abrisskommando fühlte sich nicht zuständig.

60 Millionen Euro und vier Jahre Arbeit waren für den Abriss veranschlagt – ein beispielloser Aufwand. „Man hat die Böden entfernt, die Zwischendecken rausgenommen. Und man hat komplett die Farbe von den Wänden genommen. Die Gründlichkeit, mit der der Regierungsbunker zurückgebaut wurde, deutet darauf hin, dass man dieses Kapitel komplett ausradieren wollte." [3]

Niemand sollte sich erinnern oder lästige Fragen stellen. Dazu wurde für die Anlage sogar erneut Geheimhaltung angeordnet. „Es gibt Unterlagen zu diesem Bunker, die ich lesen durfte zwischen 2005 und 2008, die inzwischen nicht nur wieder geheim eingestuft sind, sondern die aus den Übersichtslisten des Bundesarchiv Koblenz komplett gelöscht worden sind. Das heißt also, wenn ich eine Rechercheanfrage stelle, existieren diese Unterlagen gar nicht mehr." [1]

FESTUNG AUS DEM ATOMZEITALTER

Die kilometerlangen Röhren unter den Ahrbergen aber lassen sich nicht beseitigen – auf 17 Kilometern Länge bewahren die Stollen Hinweise auf die letzten Bunkergeheimnisse. „Manchmal steh ich an irgendeiner Ecke und denke mir: Wow, was ist das jetzt hier, ist mir nie aufgefallen! Auch die Tatsache, dass es da hinten Gänge gibt, die in keinem Plan eingezeichnet sind, finde ich spannend. Alles haben die Jungs nicht dokumentiert." [1]

Nahrung für den vielleicht hartnäckigsten Bunkermythos. „Das größte Gerücht war, dass ein unterirdischer Zugang von Marienthal nach Bonn besteht. Das hat sich sehr verfestigt. Ich weiß nicht, ob das ein absichtlich gestreutes Gerücht war oder wirklich mal jemand diesen Vorschlag gemacht hat." [2]

Für die Agenten in Ost-Berlin war der Tunnel stets mehr als ein Gerücht. Die Pläne der Stasi verzeichnen eine Verbindung vom Bunker direkt ins Bonner Regierungsviertel. „Wir suchen nach diesem Gang bis zum heutigen Tag. Aus meiner Erkenntnis gibt es den nicht. Da war wohl viel Fantasie dabei." [1]

Einige Tunnel sind seit dem Rückbau buchstäblich versunken und nur noch auf dem Wasser zugänglich. „Auf dem Wasser hatte sich über Jahre eine Staubschicht gebildet, die dann irgendwann zu einer richtigen Kruste zusammengewachsen ist. Wenn man dort mit dem Boot durchgefahren ist, war das wie bei kleinen Eisschollen, die zur Seite gedrückt werden. Daran hat man auch gesehen, dass hier seit Ewigkeiten kein Mensch mehr unterwegs war. Es war faszinierend, dass man unter den Bergen, aber über dem Ahr-Tal Bootfahren kann, und oben drüber laufen die Leute gerade durch die Weinberge und machen Picknick ..." [1]

Der Regierungsbunker ist heute ein Labyrinth aus toten Röhren. Aber auf ein paar Dutzend Metern ist er genau so erhalten, wie er einmal war. Während die Abrisstrupps sich Röhre für Röhre vorarbeiteten, hatten eine Handvoll Verantwortliche und engagierte Bürger gerade noch rechtzeitig dieselbe Idee. Heike Hollunder: „Wir können doch eigentlich ein kleines Stückchen des Bunkers für die Zukunft bewahren und für die Öffentlichkeit zugänglich machen. Wir bewahren Festungen aus dem Mittelalter, warum nicht auch mal eine Festung aus dem Atomzeitalter."

Auch die Menschen im Ahrtal sehen das unliebsame Erbstück unter ihren Füßen inzwischen mit anderen Augen. „Das hat sich mit der Zeit entwickelt, als sie gesehen haben, was für ein Schatz der Regierungsbunker im Grunde genommen ist." [3]

Von den einst 17 Kilometern Tunnel sind heute 203 Meter Dokumentationsstätte. Und einige Geheimnisträger von einst sind als Bunkerführer an ihren alten Arbeitsplatz zurückgekehrt. Heute kann Walter Schürmann, der jahrzehn-

Der Heimatverein Alt-Ahrweiler konnte ein 203 Meter langes Bunkerstück vor dem Abriss retten, in dem heute die „Dokumentationsstätte Regierungsbunker" untergebracht ist.

telang nicht einmal seiner Frau etwas erzählen durfte, endlich offen über den Bunker sprechen, wie z. B. über die Waschprozedur nach einer potentiellen Kontamination: „Vorne zog man sich aus. Dann sollte mit kaltem Wasser und mit einem Zusatz von Ameisensäure die Strahlung abgeduscht werden. Ein Beobachter sollte den korrekten Duschvorgang überprüfen."

Seit der Eröffnung 2008 leitet Heike Hollunder die Dokumentationsstätte Regierungsbunker, die pro Jahr von 80.000 Menschen besucht wird. „Wenn ich manchmal ganz alleine durch den Bunker laufe und mir vorstelle, was hier alles an Geschichte geschrieben wurde, welche Politiker diese Gänge entlang gelaufen sind – dann ist das für mich nach wie vor immer noch sehr, sehr beindruckend." [3]

> *„Dass noch ein Stück davon übrig geblieben ist, das freut mich sehr. Denn es ist ja ein Stück Geschichte geworden. Es war für den Krieg gebaut und hat dem Frieden gedient, und jetzt ist es Geschichte geworden."* [2]

Quellen:

1 Jörg Diester, Bunkerforscher
2 Lore Berthel, Sekretärin der Bauleitung
3 Heike Hollunder, Leiterin der Dokumentationsstätte Regierungsbunker
4 Walter Schürmann, Techniker im Regierungsbunker
5 Ingeborg Schürmann, Ehefrau von Walter Schürmann
6 Gerhart Baum, 1978-1982 Bundesinnenminister
7 Wolfgang Müller, Übungsteilnehmer

TEUTOBURGER WALD

TEUTOBURGER WALD

Der Teutoburger Wald. Über seinen Wipfeln wacht Arminius: Er führte die Germanen einst zum Sieg gegen die Römer. Ein deutscher Mythos. Doch was ist hier im Zwielicht der Bäume wirklich passiert? Was hat es mit den rätselhaften Felsen auf sich, die aus den Bäumen ragen? Waren sie das Zentrum einer germanischen Hochkultur? Was ist wahr an den Mythen und Legenden? Und warum haben die Nazis gerade hier, mitten im Wald, ihre finstere Burg bezogen?

Auf mehr als 100 Kilometern Länge erstreckt sich der Teutoburger Wald – von Bielefeld fast bis nach Paderborn. Seit Jahrtausenden haben ihn die Menschen genutzt. In ihm gelebt, gejagt und ihre Schlachten geschlagen. Hier haben sie ihre Kultstätten gebaut und ihren Göttern gehuldigt. Und noch immer findet man die Zeugnisse einer längst versunkenen Zeit.

Die Externsteine – graue Sandsteinsäulen, verwittert, ausgehöhlt, wie erstarrte Riesen. Waren sie ein Heiligtum? Eine Sternwarte aus der Urzeit?

Hier hat sich das Schicksal der Germanen entschieden: Im Jahr 9 nach Christus sollen sie im Teutoburger Wald die Römer besiegt haben. Und er hat sie zum Sieg geführt: Arminius. Viele hundert Jahre später hat man ihm ein Denkmal errichtet – das größte Mitteleuropas. 54 Meter hoch. Aber wer war Arminius – oder Hermann, wie er später genannt wurde?

> *„Es gibt um die Figur Arminius eine ganze Menge Geheimnisse. Das hängt ganz klar damit zusammen, dass die Germanen eine schriftlose Kultur hatten, ihre Gedanken also nicht niedergeschrieben haben.“* [1]

Die Varusschlacht, in der das stolze römische Heer von den Germanen in die Irre gelockt und vernichtend geschlagen wurde, ist eine deutsche Legende. Niemand weiß, wo genau die Schlacht stattgefunden hat. Aber in den Geschichten, die man sich erzählt, ist der Mythos unsterblich geworden.

STÄTTE DER LEGENDEN

Zur Erinnerung an die „Schlacht im Teutoburger Wald" erbaut: das Hermannsdenkmal

Due Statue des Hermann thront hoch über den Wipfeln des Teutoburger Walds.

Osning hieß der Wald bis dahin, erst seit dem 15. Jahrhundert nannte man ihn Teutoburger – den deutschen Wald. Arminius der Cherusker wurde zum Sinnbild eines starken und geeinten Reiches. „Ab der Renaissance begann die neue Karriere des Arminius. Zum einem wurde er bei den römischen Schriftstellern als ein Guter dargestellt. Moralisch integer, fähig. Des Weiteren hat er es geschafft, zersplitterte Stämme, unterschiedliche Interessen zusammenzuführen, und er wird als ein Befreier von Fremdherrschaft charakterisiert. Das war im Grunde genommen dann ein Symbol für die Deutschen." [1]

Arminius hatte im römischen Heer gedient und kannte den Gegner. Er wurde zum deutschen Held. „Hermann", sein Denkmal und seine Geschichte prägen seit fast 150 Jahren die ganze Region.

DENKMAL FÜR DIE NATIONALE EINHEIT

„Es ist komisch, dass unsere Familie immer wieder Berührungspunkte hat mit dem Hermann, mein Vater war über 20 Jahre Betriebsmeister am Hermannsdenkmal. In einem uralten Tagebuch meines Ururgroßvaters steht, dass der schon 1874 als Steinmetz hier Arbeiten ausgeführt hat für Ernst von Bandel." [2]

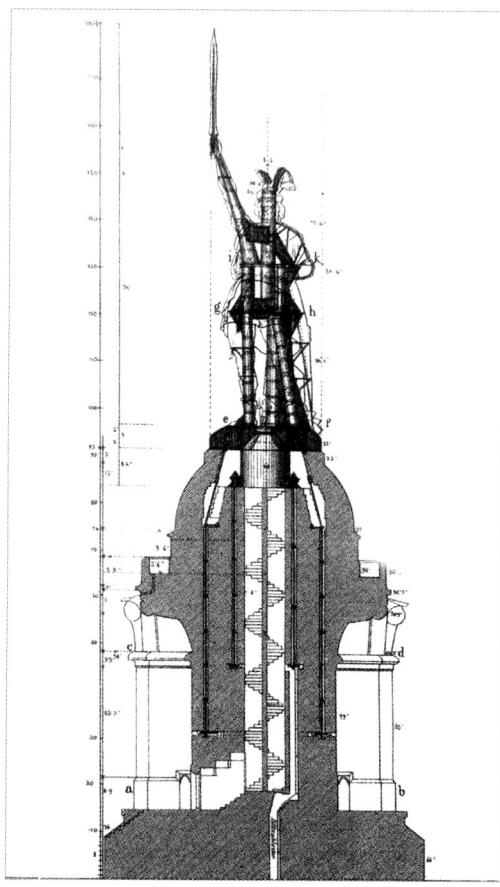

Bauplan des Hermannsdenkmals

Ernst von Bandel war der Schöpfer. Er war Architekt und Bildhauer im fränkischen Ansbach. 1835 machte er sich auf in den Teutoburger Wald. Hier wollte er dem Cheruskerfürsten ein Denkmal errichten. „Ernst von Bandel war besessen von der Idee, ein Nationaldenkmal für die Deutschen zu errichten. Sein ganzes Leben ist im Grunde davon geprägt gewesen. Schon in seiner Jugendzeit hat er sich wohl geschworen, einmal so ein Monument zu errichten. Es hat Jahrzehnte gedauert, um diese Idee zu realisieren." [1]

Ernst von Bandels Vorhaben, der Idee von der nationalen Einheit oberhalb von Detmold ein Denkmal zu setzen, wurde im von Kleinstaaten zergliederten Deutschland begeistert aufgenommen. „Es hat damals auch andere Entwürfe gegeben, beispielsweise von Schinkel. Das hat der alles an die Seite geschoben nach dem Motto: Das ist mein Denkmal." [2]

Ernst von Bandel widmete der Erinnerung an Hermann sein Leben. Finanziert durch Spenden konnte er 1838 mit dem Bau beginnen. „Er hat vier Jahre gebraucht, bis die Grundsteinlegung stattfinden konnte, da oben ist ja auch teilweise felsiges Gelände." [2]

Jahrelang lebte Ernst von Bandel in einer kleinen Hütte neben der Baustelle. Es sollte die größte Statue der Welt werden – so wollte es der egomanische und schwierige Architekt. Eine gewaltige Aufgabe. „Mit Fertigstellung des Unterbaus zog er dann aus Detmold weg, er hatte kein Geld mehr und hat sich dann anderen Aufgaben zugewandt, um wieder Geld zu verdienen." [2]

Ernst von Bandel mit dem Kopf des Hermann in seiner Werkstatt in Hannover

Ernst von Bandels Wohnung am Hermannsdenkmal,
1875

Zurück blieb ein Fragment. Für fast 30 Jahre stand im Teutoburger Wald nur
der Sockel des Denkmals. „Diese Idee erlosch ja nie, auch bei Ernst von Bandel
nicht, und insofern wurde auch im Hintergrund immer weiter darauf hingear-
beitet, den Bau irgendwann vollenden zu können." [1]

Ernst von Bandel gab nicht auf – und die Geschichte kam ihm zu Hilfe.

1871 wurde das Kaiserreich ausgerufen. Die nationale Idee hatte sich durchgesetzt. Und sie brauchte Symbole. Endlich gingen die Bauarbeiten am Hermannsdenkmal weiter.

Kaiser Wilhelm I. reiste persönlich an, um 1875 das Denkmal einzuweihen.
Ernst von Bandels Traum war Wirklichkeit geworden, der Tag der Übergabe an
das deutsche Volk endlich gekommen.

Wilfried Mellies

*„Es gab ja überhaupt gar keine Mikrofonanlage 1875. Wer
also schon 20 Meter vom Redner entfernt stand, der
bekam kaum noch etwas mit. Das war dann so, dass die
Besucher ihr mitgebrachtes Bier getrunken haben und
dann teilweise zu singen anfingen, weil sie zu viel davon
genossen hatten."* [2]

1875 galt das Hermannsdenkmal als technische Meisterleistung. Das Volk war
begeistert. Doch warum schaut der Cherusker, der doch für den Sieg gegen das

Der Sockel des Denkmals wurde 1846 fertiggestellt. Erst 25 Jahre später gingen die Bauarbeiten weiter.

Römische Reich steht, gen Westen? Wendet sich ab von dem Besucher? Eine Inschrift im Sockel löst das Geheimnis.

Der Steinmetz Friedrich Wilhelm Mellies hat sie geschlagen – der Ururgroßvater von Wilfried Mellies. „Er hat geschrieben: ‚Dies ist die Inschrift, gehauen

Zur Einweihungsfeier für das Hermannsdenkmal im August 1875 kam selbst der Kaiser.

von F. und W. Mellies 1874 in Hidessen ... Nur weil deutsches Volk verwälscht und durch Uneinigkeit machtlos geworden war, konnte Napoleon Bonaparte, Kaiser der Franzosen, mit Hilfe Deutscher Deutschland unterjochen.' Der Hermann wurde ja ohnehin in Blickrichtung Westen, also gen Frankreich erbaut, deshalb musste auch so ein Spruch in die Nische hinein. Historisch passte das überhaupt nicht." [2]

Ein Symbol deutscher Stärke – und eine Warnung Richtung Frankreich. Deutschland, endlich geeint, hatte nun ein Denkmal, das bis zum Bau der Freiheitsstatue in New York das größte seiner Art war. Und ganz Deutschland wollte es sehen. Der Teutoburger Wald wurde zum beliebten Reiseziel und Hermann zum Touristenmagnet.

Doch das Denkmal war auch der Vorbote einer dunklen Zeit. „Nach der Niederlage im Ersten Weltkrieg hoffte man ja auf das Wiedererstarken Deutschlands, und dafür war das Hermannsdenkmal natürlich ein wunderbares Symbol." [1]

Die Inschrift auf der Vorderseite des sieben Meter langen Schwertes lautet: „DEUTSCHE EINIGKEIT MEINE STAERKE"

Die Externsteine in einer zeitgenössischen Darstellung um 1900

EIN 70 MILLIONEN JAHRE ALTES RÄTSEL

Aber es war nicht nur der Hermann als Symbol deutscher Größe, der den Teutoburger Wald ins Zentrum des nationalistischen Denkens rückte. Nur wenige Kilometer südlich stieß man mitten im Wald auf die rätselhaften Externsteine. Sind sie die Zeugnisse einer frühen germanische Hochkultur?

„Es ist ein Objekt, für das man keine Parallelbeispiele hat, die genauso wären. Wenn es 20 Externsteine gäbe, dann könnte man es besser einordnen. Das ist halt ein in vielerlei Hinsicht einzigartiger Ort und für die Forschung daher auch schwierig zu interpretieren.“[3]

Roland Linde

Man hat Zeugnisse menschlichen Lebens an den Externsteinen gefunden. Doch woher stammen sie? Wer hat sie hinterlassen? War es eine religiöse Kultstätte? Bis heute haben die Steine nicht alle Geheimnisse preisgegeben. „Es gab immer wieder die Überlegungen, das Hermannsdenkmal auf den Externsteinen zu

Der sogenannte „Wackelstein"   Einer der Eingänge zur Grotte

errichten. Das hing mit der Vorstellung zusammen, dass an den Externsteinen ein großes germanisches Heiligtum existiert habe. Insofern hat gerade im 19. und im frühen 20. Jahrhundert die Vorstellung vorgeherrscht, in dieser Region sei das germanische Herz." [1]

Die Externsteine sind mehr als 70 Millionen Jahre alt. Fünf zerklüftete Sandsteinfelsen, bis zu 40 Meter hoch. Rätselhaft erscheinen die Spuren menschlichen Lebens. Da gibt es eine in den Stein geschlagene Grotte. Wer hat hier gelebt?

Frühes Ausflugsziel mit Hotel und Gastronomiebetrieb: die Externsteine um 1900

Treppen führen nach oben in eine Höhenkammer. Am Fuß der Steine findet sich die Nachbildung eines Sarkophags. Ein christliches Relief zeigt Jesus Christus.

Heute sind die Externsteine ein Naturerlebnis. Doch das war nicht immer so. „In den 1920er Jahren war hier tatsächlich ein reger Ausflugsbetrieb mit Verkaufsständen und mit Bootfahren auf dem Teich. Es gab Hotels direkt an den Felsen, die große Veranstaltungen machten – ein wahres Remmidemmi." [3]

1912 wurde sogar eine Straßenbahnlinie gebaut. Sie führte mitten zwischen den Steinen hindurch. Touristen aus den nahegelegenen Kurorten machten Ausflüge zu den Felsen.

1926 wurden die Externsteine als erstes Naturschutzgebiet der Region ausgewiesen. Wilhelm Teudt, ein Pfarrer aus Detmold, wurde hier zu einem Vordenker der völkischen Bewegung. „Er veröffentlichte 1929 ein Buch, in dem er sagte, die Deutschen müssten von dem Alpdruck befreit werden, sie hätten keine ureigene Hochkultur. In der ganzen Region, meinte er, seien germanische Kultstätten zu finden. Aber für ihn seien eben die Externsteine das zentrale, bedeutendste Heiligtum der Germanen in Deutschland." [3] Hier im Teutoburger Wald schlug für ihn das germanische Herz des Deutschen Reiches.

Schon 1924 wurde im Wald ein Stummfilm gedreht. Dabei ging es um den Ruhm der Germanen. Ein Vorbote dessen, was kommen sollte …

Adolf Hitler nutzte den germanischen Mythos für seine Zwecke. Mitte Januar 1933 fanden im Land Lippe, zu dem der Teutoburger Wald in dieser Zeit gehörte, Landtagswahlen statt. Und die Nationalsozialisten gewannen die Wahl, ein Sprungbrett zur Machtübernahme in Berlin nur zwei Wochen später.

Die Nationalsozialisten wussten um die Symbolkraft des Ortes. Die nahegelegenen Externteine wurden Bestandteil der von der SS gegründeten Forschungsgemeinschaft Deutsches Ahnenerbe. Heinrich Himmler beauftragte Archäologen, hier nach Beweisen für ein germanisches Heiligtum und die schon frühe arische Überlegenheit zu suchen. Doch die angeblichen Funde waren gefälscht. Himmlers SS-eigene Werkstätten waren hier am Werk. „Entsprechende Forschungsberichte wurden präpariert, sodass es so aussah, als wenn die Externsteine schon von den Germanen genutzt worden wären. Das war typisch für die SS-Wissenschaft, dass ihre Arbeitsergebnisse eigentlich schon vorher feststanden. Die entsprechenden Forschungsberichte wurden dann eben zum Teil wirklich manipuliert, um den Zielen nachzukommen." [4]

Die braunen Archäologen suchten an den Externsteinen vergeblich nach eindeutigen Spuren. Einen wissenschaftlich stichhaltigen Beweis für ihre germanischen Theorien einer vorchristlichen Hochkultur fanden die Nazis im Teutoburger Wald nie.

Ort mit unseliger Vergangenheit: die Wewelsburg

TODESZONE WEWELSBURG

Zu einem weiteren symbolisch aufgeladenen Ort sollte die Wewelsburg werden. Die einzige Dreiecksburg Deutschlands in noch geschlossener Bauweise, gelegen in der Nähe von Paderborn, ganz im Süden des Waldes, wurde 1934 von der die SS für 100 Jahre gemietet – zu einem symbolischen Mietpreis von einer Reichsmark jährlich. Hier sollte eine Kaderschmiede für die SS entstehen. „Heinrich Himmler war sehr geprägt von dem völkischen Denken. Die SS, die Schutzstaffel, war für ihn die Elitegruppe innerhalb der arischen deutschen Volksgemeinschaft, und für die suchte er eine Zentrale." [4]

Heinrich Himmler machte seine SS in der Zeit des Nationalsozialismus zum wichtigsten Terror- und Unterdrückungsorgan des Deutschen Reichs, verantwortlich für millionenfachen Mord. Die Wewelsburg sollte zu ihrem Mittelpunkt werden. Hier im Teutoburger Wald wollte Himmler seine Elite versammeln – im Zentrum des Germanischen Reichs, wie er glaubte.

„Interessant ist, dass die SS ja immer wieder versucht hat, sich durch die Vergangenheit zu legitimieren. Wenn man also belegen konnte, dass das Germanen-

Das Modell von 1944 zeigt die gigantischen Ausmaße, die die Wewelsburg nach den Plänen der Nationalsozialisten erhalten sollte.

tum, dass die Germanen eine besonders hohe Kulturstufe erreicht hatten, konnte man daran anknüpfen und sich selbst als etwas Besonderes darstellen." [4]

„SS-Schule Haus Wewelsburg" war nun der offizielle Name. Die katholischen Dorfbewohner wurden umgehend als „nationalsozialistische Volksgemeinschaft" instrumentalisiert. Als eines der ersten Dörfer der Region erklärte Wewelsburg Juden Mitte der 1930er Jahre zu unerwünschten Personen. Die Burg selbst wollte Himmler zum Zentrum seiner Macht auszubauen. Um den Ort zusätzlich aufzuwerten, befal der Reichsführer-SS, hier die Totenkopfringe – eine der wichtigsten Auszeichnungen für besonders verdiente SS-Männer – aufzubewahren.

1934 begannen die Renovierungsarbeiten, denn die Renaissanceburg passte nicht ganz ins völkische Weltbild. Ohne Putz sollte sie ursprünglicher, trutziger wirken. Was Heinrich Himmler hier plante, sollte niemand erfahren. „Dieser Ort sollte nicht propagandamäßig aufbereitet werden als die große Himmler-Burg, weil er wirklich eher für die Elite gedacht war und eigentlich sehr geheim gehalten wurde. Vielmehr gab es sogar ein von Himmler ausgesprochenes Publikationsverbot. Es sollten keine Berichte über die Wewelsburg veröffentlicht werden." [4]

Häftlinge des Konzentrationslagers Niederhagen bei Arbeiten im Steinbruch und an der Burg

Für die Bauarbeiten an der Burg war zunächst der Reichsarbeitsdienst zuständig. Doch dann ließ Himmler Häftlinge heranschaffen und ein eigenes Konzentrationslager an der Burg bauen, wo die Zwangsarbeiter untergebracht wurden – das KZ Niederhagen.

Weit mehr als 3.000 Häftlinge arbeiteten hier. Ihre Hauptaufgabe war der Bau eines neuen Nordturms an der Burg. Erhalten ist in dem Turm bis heute der sogenannte „Obergruppenführersaal". Zwölf Fenster und Säulen begrenzen den Saal. In der Mitte am Boden: ein Sonnenrad mit zwölf Speichen.

Darunter liegt die Gruft mit dem Hakenkreuz an der Decke. Viele der Häftlinge schufteten sich auf der Baustelle buchstäblich zu Tode. „Für die Arbeit im Steinbruch hat man keinerlei Vorsichtsmaßnahmen ergriffen, sondern die Leute einfach ungeschützt arbeiten lassen. Wir haben entsprechende Unterlagen, aus

Die Burgmannschaft der Wewelsburg

Heinrich Himmler (Mitte) vor der Wewelsburg anlässlich eines Gruppenführertreffens
im Juni 1941

denen wir ersehen können, dass gerade im Winter 1942/1943 sehr viele junge russische Zwangsarbeiter hier eingeliefert wurden, die dann nach zwei Monaten völliger Entkräftung starben." [4]

Otto Preuss war Häftling ab 1941. Vor einigen Jahren hat er in einem Interview von seinen schockierenden Erlebnissen erzählt. „So klein, wie das Lager war, so berüchtigt es. Wenn sich die SS-Männer zum Beispiel im Winter abends einen Häftling rausholten, in den Waschraum brachten und den dann tot spritzten. Der Häftling lief um sein Leben, aber die hielten den Wasserschlauch immer auf seinen Körper gerichtet. Das Ergebnis war jedes Mal, dass die Gepeinigten irgendwann liegenblieben und starben. Und wir mussten noch aufpassen, dass wir da nicht auffällig hinguckten." [5]

Die harte Arbeit und unmenschliche Bedingungen machten das Leben der KZ-Häftlinge zur Hölle. Marc Weidmann war 1941 erst 18 Jahre alt. „Wenn ich zum Tor gekommen bin, habe ich sofort verbrannte menschliche Körper gerochen. Das ist so ein Geruch wie bei einem Schmied, der ein Pferd beschlägt. Da wusste ich, dass ich im Konzentrationslager bin." [6]

Zwischen 1941 und dem Ende des Krieges starben im KZ Niederhagen mindestens 1285 Häftlinge.

DIE BÜRDE DER MITWISSERSCHAFT

*„Ich denke, dass die Wewelsburger sehr wohl mit-
bekommen haben, dass es hier viele Tote gegeben
hat. In der Anfangszeit ist das noch sehr geheim
gehalten worden, aber seitdem es hier ein
eigenes Krematorium gab, werden die Wewelsburger das gerochen haben, wenn dort
Leichen verbrannt wurden.“*

**Kirsten John Stucke,
Leiterin des Kreismuseums Wewelsburg**

Die Pläne der SS für die Wewelsburg wurden immer größer. Bald sollte der ganze
Ort weichen und die Wewelsburg zum zentralen Treffpunkt der SS-Elite ernannt
werden – geplant war eine Investition von 250 Millionen Reichsmark. Doch der
Kriegsverlauf verhinderte diese Gigantomanie. Am 31. März 1945 gab Heinrich
Himmler den Befehl, die Wewelsburg zu sprengen. Die SS-Mannschaften flohen
Hals über Kopf.

Als die Amerikaner das Dorf eroberten, waren sie geschockt von den Spuren
des KZ. Im Wald am alten Schießplatz fanden sie Leichen von 14 Zwangsarbeitern, die die SS noch kurz vor ihrer Flucht erschossen hatte. Sie befahlen den
Dorfbewohnern, diese Opfer auszugraben.

Agnes Büttner

*„Da mussten wir alle oben in Wald, und die, die bei der
Partei gewesen waren, sollten die daraus schaufeln, während alle anderen dabei standen. Und danach wurden die
Leichen zum Friedhof gebracht und beerdigt. Es wurde
kontrolliert, dass das ganze Dorf anwesend war, dass auch
keiner zuhause blieb.“* [5]

Heinrich Himmler (3.v.r.) bei einem Besuch an den Externsteinen

Adolf Hitler nutzte den germanischen „Mythos Arminius" für seine Zwecke.

Wehrmachtseinheit am Hermanns-denkmal, 1939

„Das war wie so eine Art Trauma für die Wewelsburger, weil sie gemerkt haben, dass man ihnen die Schuld für die Gräueltaten im Konzentrationslager zuschieben wollte. Diese Schuld haben sie jedoch nicht angenommen – sie fühlten sich nicht verantwortlich für das, was hier im Ort passiert war, weil das ja durch die SS und ihre von außerhalb gekommenen Mitglieder verübt worden war. Das hat dazu geführt, dass sie sich jahrzehntelang nicht mit der Geschichte des Konzentrationslagers auseinandersetzen wollten." [4]

Die ausgebrannte Wewelsburg wurde wieder aufgebaut. Heute beherbergt sie das Kreismuseum Wewelsburg und eine Jugendherberge. Die Erinnerungen an die dunklen Jahre des Nationalsozialismus wurden viele Jahre verdrängt. Der Schatten dieser Zeit liegt schwer über dem Teutoburger Wald.

EIN KLEINKIND IN DER CHERUSKERNASE?

Deutschland wurde geteilt – aber Arminius stand nach wie vor unerschütterlich für ein geeintes Reich – und war noch bis in die 1960er Jahre Pilgerstätte für Vertriebene aus dem deutschen Osten.

„Nach der militärischen Niederlage waren ja die Ideen in den Köpfen der Leute nicht plötzlich weg. Dass Arminius ein großer Deutscher war, der Deutschland befreit und in eine glorreiche Zukunft geführt hat, das verschwindet ja nicht völlig." [1]

Michael Zelle

Es begannen Jahre mit einer Art „Entnazifizierung" des Teutoburger Waldes. Man wollte nicht mehr der „deutsche Wald" sein. Die nationale Idee rückte langsam in den Hintergrund. Nach den Patrioten kamen die Touristen in die Region. Und am Denkmal wurden die Kriegsschäden beseitigt.

Der Hermann blickte nun auf ein neues Deutschland – und blieb ein beliebtes Ausflugsziel. Schließlich galt der Teutoburger Wald nach dem Krieg als eine der beliebtesten Ferienregionen Nordrhein-Westfalens. „Es konnte sich in den 1950er Jahren niemand leisten, nach Mallorca oder sonst wohin in den Urlaub zu fliegen. Es waren jedes Jahr mehr als 10.000 Menschen in der Region. Ich muss gestehen, ich hatte als kleiner Junge von zweieinhalb Jahren Angst vor diesem Riesenkerl." [2]

Um die Statue des Cheruskerfürsten Arminius ranken sich viele Legenden.

Die alten Mythen wurden durch neue ersetzt. Was ist hinter den verschlossenen Türen im Innern des Denkmals verborgen? Und stimmte es, dass einmal ein Kleinkind aus der Nase des Cheruskers gestürzt ist?

Fast 54 Meter hoch ragt die kolossale Statue in den Himmel. Allein der Sockel misst fast 27 Meter. Das Innere des Hermannsdenkmals besteht aus einer Stahlkonstruktion, in der man 16 Meter bis zur Nase klettern kann. Ganz oben angekommen, stellt man fest – die Nasenlöcher sind nur einige Zentimeter groß. „So etwas hält sich hartnäckig, obwohl nichts dran ist. Ein Baby könnte gar nicht da oben hoch klettern, in die Figur schaffen es ohnehin nur sehr schlanke Personen. Also ich würde es nicht durch die Tür schaffen.“ [2]

Doch woher kommen diese Geschichten, erzählt seit vielen Jahrzehnten? „Früher gab es hier Personen, die unten am Eingang saßen und Eintrittskarten verkauft haben. Das waren schon Originale, und die haben tatsächlich Märchen erzählt, z. B. dass es oben im Kopf möglich wäre, Skat zu spielen, dass dort ein Tisch und vier Stühle stehen würden … Und so sind die Geschichten ins Land getragen worden.“ [2]

Das Germanendenkmal wurde von der Pilgerstätte zum Ausflugsziel. An der Wewelsburg verschwanden die Zeichen der finsteren Vergangenheit nur langsam. Anfänglich erinnerte eine kleine Tafel an die Grausamkeiten der SS. Und selbst diese wurde später entfernt. Denn seit 1953 findet in der Wewelsburg das

Der sogenannte „Obergruppenführersaal" (Bild l.) im Nordturm, in dessen Boden sich das Ornament „Schwarze Sonne" befindet. Besser zu erkennen ist die Hakenkreuz-Symbolik an der Decke der Gruft unter dem Saal.

internationale Jugendfest statt. Dessen Teilnehmer „sollen keine unangenehmen Fragen mehr stellen", hieß es in offiziellen Dokumenten.

Erst seit Ende der 1970er Jahre wurde im Dorf offiziell der Vergangenheit gedacht. Doch das Stillschweigen vieler Jahre hatten die Mystifizierung und Legendenbildung gefördert. Die „Schwarze Sonne" am Boden des „Obergruppenführersaales" ist heute ein Erkennungszeichen von Neonazis, das sie anstelle des verbotenen Hakenkreuzes nutzen. Unendliche Geschichten von verborgenen Schätzen wurden erzählt. Schatzsucher machten sich auf – gefunden wurde nie etwas.

Und was geschah mit den Totenkopfringen? Sind sie hier vergraben? „Es wird hier keine Kiste mehr mit Totenkopfringen geben, weil die amerikanischen Soldaten diesen Tresor oder diesen Schrank gefunden haben und die Ringe einfach auf dem amerikanischen Markt verkauft haben. Bei der Vielzahl der Ringe, die man dort auch noch viele Jahre später kaufen konnte, gehen wir davon aus, dass die sich einfach so verteilt haben." [4]

Heute erinnert in der Wewelsburg ein Museum an den Terror der SS. Es ist ein Ort der Erinnerung an die ermordeten Zwangsarbeiter und KZ-Häftlinge.

EINFACHES WISSEN, KULTISCH GENUTZT

Und was ist mit den Externsteinen? Ihre angebliche arische Hochkultur haben die Nazi Archäologen hier nicht entdeckt – ein Teil ihrer gefälschten Fundstücke sind verschwunden. Und auf diesem Boden wuchsen neue Legenden und Mythen. Vieles bleibt unbekannt und gibt Raum für neue Theorien. „Die Schlagworte waren dann Alteuropa, Ureuropa, das passte sehr gut in die Nachkriegszeit 1950er und 1960er Jahre. Die überlebende Priesterkaste aus dem untergegangenen Atlantis hätte sich hier an den Externsteinen niedergelassen und von hier aus die europäische Urkultur geschaffen. Die Externsteine werden in diesen Vorstellungen tatsächlich als das Zentralheiligtum gesehen. Also nicht als irgendein vorchristliches Heiligtum, wo ein paar Germanen oder Kelten irgendwann mal Riten für sich vollzogen hätten, sondern als Mittelpunkt der europäischen Urkultur."[3]

Jeder erkennt in den Externsteinen etwas anderes. Diente dieser Ort schon in der vorchristlichen Zeit als Zufluchtsort? Der Astronom Wolfhard Schlosser sieht sie als Sternwarte aus der Steinzeit. In der mysteriösen Höhenkammer glaubt er seine Thesen belegen zu können. Hier befindet sich ein in Stein gehauenes Loch. „Der Mensch hat sich ja schon seit Jahrtausenden die himmlischen Phänomene zu eigen gemacht, um als Bauer zum Beispiel sein Jahr zu strukturieren, und so werden auch sicher die Externsteine, die ja naturgegeben eine besondere Ausrichtung haben, nämlich Sonnenwendorientiert, sehr frühzeitig das Interesse des Menschen auf sich gezogen haben."[8]

Das bedeutet, dass die Erbauer astronomisches Wissen hatten. Das Loch weist exakt auf jene Stelle, an der die Sonne zur Sommersonnenwende aufgeht. Offen bleibt, wann das Loch geschlagen wurde. Astronom Schlosser glaubt, dass dies vor mehreren tausend Jahren geschehen ist. Sein Beleg: Die Replik der uralten Himmelsscheibe von Nebra. Ein Beweis? Die Himmelscheibe von Nebra wurde erst vor 15 Jahren in Sachsen-Anhalt entdeckt. Sie ist fast 4.000 Jahre alt und zeigt, dass sich die Menschen schon damals ein Bild von der Stellung der Gestirne gemacht haben. Und das auch schon in vorchristlicher Zeit.

Wolfhard Schlosser

„Was wir bei den Externsteinen finden, ist bäuerliches Wissen, mehr nicht. Genauso wie ein Bauer weiß, wann die Sonne aufgeht und wo, wusste es dann natürlich auch der Priester. Solche Orte sind natürlich immer sakral genutzt worden. Es war einfaches Wissen, kultisch genutzt."[8]

Viele glauben an diese Theorie und die Besonderheit der Steine – sind fasziniert von der rätselhaften Anziehungskraft der Externsteine. Zu den Sonnenwendfeiern kommen Esoteriker in Scharen und nehmen die Steine für sich in Beschlag. Mit Feuer, Musik und Tanz feiern sie ihren magischen Ort. Um wissenschaftliche Beweise geht es ihnen dabei gar nicht. Für die einen ist es ein Ort magischer Kräfte. Andere sehen darin die Zinnen einer vorzeitlichen Burg, an der sich Himmel und Erde berührten. Mahnende Finger, die sich gen Himmel recken.

Zehntausende Besucher reisen extra wegen der Steine in den Teutoburger Wald. Sehr viele saugen ihre Kraft aus dem Naturwunder, wie sie es selbst nennen. Manche erkennen hier rätselhafte Gesichter, andere vermuten die Sphinx oder den Goldenen Gral unter den Steinen. Das sächsische Heiligtum Irminsul sei hier im 8. Jahrhundert von Karl dem Großen zerstört worden. Ein Ort wie geschaffen für Phantasien und Träume.

> *„Das sind wirklich ja so universalistische Fantasien, die sich um die Externsteine ranken. Sämtliche, wirklich sämtliche Urmythen der Menschheit, ob in Lateinamerika oder in Asien oder Griechenland, wo auch immer, alles leitet sich von den Externsteinen ab."* [3]

Aber Mythen sind Mythen. Was sich wirklich wissenschaftlich belegen lässt an den Externsteinen, das stammt aus dem Mittelalter. Die Grotten wurden etwa im 10. Jahrhundert angelegt, wahrscheinlich für Mönche, die hier lebten. Das Relief zeigt die Abnahme Jesus Christus vom Kreuz. Es stammt aus dem 12. Jahrhundert und gilt als das älteste christliche Großrelief nördlich der Alpen. Das offene Rundbogengrab am Fuße der Steine ist eine Nachbildung des Grabes Christi in der Grabeskirche in Jerusalem. Und die Höhenkammer? Wann das Loch geschlagen wurde, ob in der Frühzeit oder erst im 10. bis 12. Jahrhundert, bleibt offen.

Andreas Hauer

> *„Wenn man überlegt, was es hier alles gegeben hat, dass hier Hotels standen, dass hier eine Straßenbahn durchgefahren ist, dass die Nazis versucht haben, das für sich instrumentalisieren, dass hier ein Jagdschloss stand ... Alle haben versucht, die Externsteine irgendwie für sich einzunehmen. Und jetzt sind wir hier wieder mitten in der Natur, im heiligen Hain, im Naturschutzgebiet, und das haben die Externsteine in meinen Augen für sich selber geschaffen."* [9]

Naturraum, Touristenmagnet und Stätte der Legenden: der Teutoburger Wald

Sind nun alle Geheimnisse um die Externsteine gelöst? Wohl nicht! Es werden sich immer Menschen finden, die glauben, hier habe noch etwas anderes stattgefunden. Irgendwann – vor vielen tausend Jahren. Die Wewelsburg ist heute ein Ort der Erinnerung. Und der Hermann wacht über den Wald und seine Geheimnisse. Im Schatten der Bäume sprießen die Legenden und Mythen. Denn der Teutoburger Wald ist ein verwunschen schöner Ort.

Quellen:

1 Dr. Michael Zelle, Leiter Lippisches Landesmuseum Detmold
2 Wilfried Mellies, Ortsbürgermeister Hiddensen, sein Vater war über 20 Jahre Betriebsmeister am Hermannsdenkmal, sein Ururgroßvater führte Steinmetzarbeiten am Hermannsdenkmal aus
3 Roland Linde, Historiker
4 Kirsten John Stucke, Leiterin des Kreismuseums Wewelsburg
5 Agnes Büttner, Wewelsburgerin
6 Otto Preuss, ehemaliger Häftling im KZ Niederhagen
7 Mark Weidmann, ehemaliger Häftling im KZ Niederhagen
8 Prof. Dr. Wolfhard Schlosser, Astronom
9 Andreas Hauer, Naturführer

ZECHE ZOLLVEREIN

ZECHE ZOLLVEREIN

D ie Zeche Zollverein liegt wie ein gigantisches UFO mitten im Ruhrgebiet. Früher war sie eine verbotene Stadt, heute kommen Jahr für Jahr
Millionen Besucher.

Sie ist faszinierend und geheimnisvoll, Relikt einer untergegangenen Epoche
und zugleich moderner Hightech-Tempel, von der UNESCO als Welterbe der
Menschheit geadelt. Und hinter den Mauern und unter der Erde verbergen sich
erstaunliche unbekannte Geschichten.

Schacht 12 der Zeche Zollverein ist ein Ort der Superlative. Ein technisches
und architektonisches Wunderwerk aus der Hochphase von Kohle und Stahl,
einige sagen schlicht: die schönste Zeche der Welt. Hier arbeiteten einst fast 7.000
Menschen. Heute ist sie eine Kathedrale der Industriekultur und ein Anziehungspunkt für Besucher von überall.

Die Kokerei Zollverein mit ihren über 300 Koksöfen ist noch viel größer als die
Zeche. Auf einer Länge von fast einem Kilometer erstreckt sich die gigantische
Anlage.

> *„Zollverein beeindruckt vor allem durch ihre schiere Größe. Das ist über
> Jahrzehnte die förderstärkste Tiefbauzeche der Welt gewesen, und auch die
> Kokerei war über zwei Jahrzehnte die größte Europas. Und diese Dimensionen
> sind ein Teil des Mythos Zollverein selbst.“* [1]

Neben der gewaltigen Industriebrache wächst üppige Natur. Das ehemalige
Zollverein-Gelände ist kaum überschaubar und noch längst nicht erschlossen.
Sogar diejenigen, die sich gut auskennen, entdecken immer noch Neues und
Geheimnisvolles. Für Besucher ist Zollverein Irrgarten und Wunderkammer
zugleich.

KATHEDRALE
DER INDUSTRIEKULTUR

Auch „Eiffelturm des Ruhrgebiets" genannt: das Doppelbockfördergerüst von Zeche Zollverein 12

Theo Grütter

„Das Geheimnisvolle an Zollverein ist, dass dieser Ort bis vor einigen Jahren eine verbotene Stadt war, ein Ort, der von außen gesehen immer nur brodelte, krachte und dampfte. Dieser Ort ist geöffnet worden und wird deshalb so begierig von den Menschen aufgesucht, weil sie hier eine Welt der Maschinen und Gebäude sehen, in die man vorher nie Einblick hatte.“ [1]

Im Jahr 2010 war das ganze Ruhrgebiet Kulturhauptstadt Europas – und die Eröffnungsfeier fand im dichten Schneetreiben auf Zeche Zollverein statt. „Es war höllisch kalt, wir waren alle mit Mütze, Handschuhen und dicken Schuhen da, haben auch hinterher gefroren und gesagt: ist egal. Früher haben sie auf uns herabgeschaut und von ,diesem dreckigen Ruhrgebiet' gesprochen. Jetzt kommen alle hierhin, weil es tolle Sachen zu sehen gibt. Und ja, man fühlte sich schon auf Wolke sieben, es war etwas Besonderes.“ [2]

Seitdem strömen die Besuchermassen, und ehemalige Bergleute führen pro Monat über 800 Gästegruppen durch die Zeche. „Im Kulturhauptstadtjahr pas-

Freizeitareal Zollverein: Im Winter lockt die Eisbahn, im Sommer das Werksschwimmbad.

sierte etwas Traumhaftes – es kamen sehr viel Touristen aus dem Ausland. Aber eigentlich ist Zollverein und auch das Ruhrgebiet von den eigenen Bewohnern entdeckt worden." [3]

Zollverein ist nicht nur Industriekultur für Liebhaber – da wo früher hart gearbeitet wurde, kann man sich heute vergnügen, die Kontraste könnten größer nicht sein.

> *„Die Enkel der Menschen, die hier früher gearbeitet haben, kommen heute zum Eislaufen oder gehen ins Werksschwimmbad, die treffen sich hier, die erleben Zollverein ganz anders. Aber das ist genauso ein Teil ihrer Identität wie es Teil der Identität der Großväter war." [3]*

Das war einmal anders: Zollverein war einst eine Stadt in der Stadt, umgeben von Essener Wohnvierteln zwar, und doch Terra Inkognita – für Außenstehende ein riesiges unbekanntes Terrain, hinter dicken Mauern und großen Toren verborgen.

Werner Dieker war lange Jahre Bergmann auf Zollverein: „Die Zeche war früher eine tote Stadt, da kam keiner rein. Der normale Katernberger, Schonnebecker oder Stoppenberger Bürger hatte keinen Zugang. Ich kann mich noch erinnern, ich hatte hier die Markennummer 322. Die musste ich dann auch an der Lampenstube abgeben, um meine Lampe zu kriegen. Das war hier alles kontrolliert." [4]

Seit ihrer Kindheit ist Jutta Spranger-Nowaczyk fasziniert von Zollverein: „Mein Vater bekam, als ich drei Jahre alt war, direkt hier gegenüber vom Schachtgerüst eine Dienstwohnung, und da habe ich dann bis zu meinem 24sten Lebensjahr mitgewohnt. Und von meinem Kinderzimmerfenster aus konnte ich das Schachtgerüst sehen. Das war ein echter Fixpunkt, obwohl man ja das Gelände nicht betreten konnte."

Die eigenartige Mischung aus allernächster Nähe und verordneter Distanz veränderte sich für Jutta Spranger-Nowaczyk schlagartig. Denn nach der Stilllegung von Zollverein erhielt sie ein verlockendes Angebot. „Da rief ein ehemaliger Kollege meines Vaters an und sagte: ‚Wir machen jetzt hier auf Zollverein Führungen und bräuchten jemanden, der englischsprachige Führungen macht. Könnten Sie sich das vorstellen?' " [2] Und sie nahm die große Chance wahr, nach ihrem Vater und Großvater selbst auch „Zollvereinerin" zu werden. Als Gästeführerin hat sie ein ganz besonderes Faible. „Was mich immer fasziniert hat, ist diese tolle Architektur. Diese Gleichmäßigkeit der Gebäude, einfach diese ganze Schönheit!" [2]

Luftbild der Schachtanlage Zollverein 4/5/11 um 1927

METROPOLIS IN KATERNBERG

Was heute kaum jemand ahnt – die Architektur ist eng mit dem Ersten Weltkrieg verknüpft. Gegen die Schmach der Niederlage wurde deutsche Ingenieurskunst aufgeboten. „Zollverein Schacht 12 ist die einzige Zeche, die geschlossen in einem Architekturstil gebaut wurde und eben auch eine ganz ungewöhnliche Dimension hat." [3]

Damals, Ende der 1920er Jahre, musste es schnell gehen. Man besorgte amerikanisches Kapital und holte zwei junge ehrgeizige Architekten – ein Geniestreich, wie sich zeigen sollte. Martin Kremmer und Fritz Schupp gingen ungewöhnliche Wege. „Es ging ja eigentlich nur, wenn man sich wirklich begrenzt auf wenige Materialien. Stahl, Beton, Ziegelstein und Glas – mit diesen vier Materialien haben die Architekten das kleine Pförtnerhäuschen gebaut, vier mal vier mal vier Meter, und haben die Kohlenwäsche gebaut, 100 Meter mal 30 Meter mal 45 Meter." [5]

Klare Linien und strenge Sachlichkeit – die Bergbaumanager ließen Schupp und Kremmer freie Hand. Es entstand eine komplette Zentralschachtanlage aus einem Wurf. Nur der berühmte Doppelbock, das 55 Meter hohe Fördergerüst, ist nicht rechtwinklig und aus Backstein gebaut. Die Originalpläne der Architek-

Martin Kremmer (1894–1945)   Fritz Schupp (1896–1974)

ten aus den 1920er Jahren finden sich im Deutschen Bergbauarchiv. „In gewisser Weise haben sie damit das Symbol für den Förderturm als solchen geschaffen. Menschen, die ins Ruhrgebiet kommen und danach eine Zeche malen sollen, malen immer das Doppelbockfördergerüst von Schupp/Kremmer." [6]

Was man nicht sieht – und sich kaum vorstellen kann: Das Fördergerüst von Schacht 12 war Dreh- und Angelpunkt des gesamten Grubenfeldes von sage und schreibe 14 Quadratkilometern Größe und verband vier separate Schachtanlagen. „Der Hauptzweck dieser Architektur im funktionalen Sinne war die Herstellung eines kontinuierlichen Kohlestroms vom Flöz bis in die Kokerei." [7]

Als der neue Schacht am 1. Februar 1932 mit der Förderung begann, war Zollverein mit einem Schlag die größte Zeche des Ruhrgebiets und eine der größten der Welt. Zollverein wurde zum Vorzeigeobjekt – auch wegen seiner gigantischen Kohlenwäsche, eigentlich eine Sortiermaschine, in der wertvolle Kohle von wertlosem Gestein getrennt wird. Mechanisierung war das Zauberwort.

„Das war Metropolis, das war die Maschinisierung des Bergbaus, die davon ausging, dass man den Bergbau – wie in Amerika die Autoproduktion – letztendlich mit Maschinen betreiben konnte. Auch dafür steht Zollverein." [1]

Stahl, Beton, Ziegelstein und Glas: die Zeche Zollverein 12 im Jahr 1932 (r.) und 1986

Am Förderturm von Schacht 12 wurde niemand nach unter Tage gebracht. Die Bergleute fuhren außer Sichtweite des Zentralschachts quasi über den Hintereingang ein, um das perfekte Bild nicht zu stören. Der neue Schacht 12 sollte das Ideal einer menschenlosen Zeche verkörpern, während das Heer der Bergleute quasi unsichtbar nach unten gebracht wurde.

Seit der Inbetriebnahme wurden auf Zollverein täglich unfassbare 12.000 Tonnen Steinkohle an die Oberfläche gehievt. An einem einzigen Tag förderte die Mega-Zeche jetzt so viel Kohle wie im gesamten Jahr 1851, dem ersten von Zollverein.

EIN LEBEN FÜR DIE ZECHE

Seitdem bekannt war, welche Schätze in dieser Region unter der Erde lagen, jagten Bergleute der Kohle nach – dem Schwarzen Gold des Reviers. „Allein diese Entstehungsgeschichte, diese Goldgräbergeschichte, die sehr stark dem Digger im amerikanischen Westen gleicht – so muss man sich den frühen Bergbau vorstellen. Und das sind so Gründungsmythen und Gründungsgeschichten, die auch

Bild S. 264: Klare Linien, strenge Sachlichkeit – Blick in die Achse des Kesselhauses, 1930er Jahre. Der 106 Meter hohe Schornstein der Dreiflügelanlage mit Kesselhaus und den beiden vorgelagerten Kompressorenhäusern wurde 1979 wegen Einsturzgefahr abgerissen.

Die Gründungsanlage von Zollverein lag parallel zur vorbeiführenden Köln-Mindener Bahn und war von zwei Malakowtürmen geprägt, um 1851

mit den Gründungsvätern, diesen Industriepionieren wie Haniel, der diese Zeche gründete, zusammenhängen – das spielt eine ganz wichtige Rolle."[1]

Der Essener Norden war bis zur Mitte des 19. Jahrhunderts überwiegend Bauernland. Dann entbrannte ein Wettlauf um die Kohle, die hier mehr als 100 Meter unter der Erde lag. Der Einzige, der es wagte, dorthin vorzustoßen, war der

Zollverein 1/2 mit zwei Malakowtürmen, um 1860

Arbeiterwohnhaus der Zeche Zollverein

Kolonie Zollverein in Stoppenberg

Unternehmer Franz Haniel. Er besaß einen entscheidenden Trumpf – er war im Besitz von neuartigen Dampfpumpen. Die drückten Tag und Nacht das unaufhörlich eindringende Wasser aus dem Schacht. Haniel kaufte insgesamt 14 Kohlefelder. Er schaffte es auch, die Mergeldecke, eine nahezu undurchdringliche Gesteinsschicht über der Kohle, zu durchstoßen.

Das Grubenwasser, mit dem schon Haniel zu kämpfen hatte, drängt auch heute noch mit Macht in die Schächte. Unbemerkt arbeiten modernste Pumpen in 1.000 Metern Tiefe unter Zollverein. 9.000 Liter Wasser müssen pro Minute an die Oberfläche geschafft werden. Ansonsten würde kostbares Trinkwasser verunreinigt. Zollverein hat eine Aufgabe für die Ewigkeit.

Die Pioniertat von Haniel war die Geburtsstunde des Zechengiganten Zollverein. Der Name wurde zum Lockruf weit über die Grenzen des Ruhrgebiets hinaus. Die Belegschaft wuchs und wuchs.1851, im ersten Jahr der Förderung, waren es 256 Bergleute, 1890 schon zehnmal so viele. Immer nur Männer.

Rund um die Zeche entstanden reihenweise neue Siedlungen. Die Männer unter Tage – die Frauen und Kinder über Tage in den Zollverein-Siedlungen. „Meine Eltern hatten sieben Kinder, wir wohnten zu neunt in vier Zimmern auf insgesamt 58 Quadratmetern. Es war so eng, dass zwei oder manchmal drei im Elternschlafzimmer mitgepennt haben." [4]

Alles war ein Ergebnis der Zeche und alles richtete sich an ihr aus, sogar das Familienleben. „Mein Vater hatte ein ganz spezielles Diensttelefon, das stand

Bewohner im Drostenbusch, 1906   Eisenstraße in Katernberg, um 1900

auch neben seinem Bett. Und wenn die Bänder nicht liefen – das hieß, die Kohle wurde nicht gefördert –, ging auch nachts um zwei das Telefon und dann hieß es: ‚Herr Spranger, Sie müssen jetzt mal dringend anfahren.' Einmal, als wir gerade in den Urlaub fahren wollten, passierte irgendetwas auf der Zeche. Da

Großer Waschtag in der Kastanienstraße in Katernberg, 1914

bekam mein Vater einen Anruf – und wir mussten später in den Urlaub fahren. Meine Mutter hat dann später mal in die Trickkiste gegriffen, das Auto gepackt und meinen Vater direkt von der Zeche abgeholt. Wir sind sofort losgefahren, bloß damit er telefonisch nicht mehr erreichbar war." [2]

Überhaupt sind es oft die Frauen, die die Herausforderungen des Alltags rund um Zollverein meistern. „Meine Mutter war eine sehr starke, selbstbewusste Frau, und die hat eben alles erledigt, was mein Vater auch aus Zeitgründen nicht regeln konnte. Das Privatleben, die Finanzen – das hat alles meine Mutter gemanagt." [2]

Trotzdem, Frauen durften das Gelände von Zollverein nicht betreten. Nur einmal in der Woche warteten die Frauen der Arbeiter vor der Lohnhalle auf ihre Männer und fingen sie auf dem Weg in die Kneipe ab. „Heute ist das natürlich anders, heute arbeiten auf Zollverein sehr viele Frauen, ich glaube fast mehr als Männer, also da sind die Verhältnisse ein wenig gekippt. Das war eine sehr patriarchale Gesellschaft auf der Zeche." [3]

Tief im Bauch der ehemaligen Kohlenwäsche zeigt das Ruhr Museum heute Sonderausstellungen. 2014 war ein Schatz aus den 1950er Jahren zu sehen. Damals zog der junge Fotograf Chargesheimer durch das Ruhrgebiet. Er machte Bilder, die noch heute bestaunt werden. Sie zeigen auf dem Höhepunkt des Kohlebooms die Welt der Zechen, der Siedlungen und der Menschen des Reviers. Dazu schrieb ein Schriftsteller aus Köln Texte über „die Entdeckung" des Ruhrgebiets und seiner Menschen. Sein Name: Heinrich Böll. Jahre später wurde er mit dem Literaturnobelpreis ausgezeichnet.

Sein Großneffe heißt ebenfalls Heinrich Böll. Er ist Architekt des neuen Zollverein und in Essen geboren. „Als ich zum ersten Mal durch die Ausstellung gegangen bin, da habe ich gesagt: Das ist der Ruhrpott, das ist meine Heimat. Ich stamme aus Altenessen, meine Mutter war Gastwirtin und mein Vater Architekt. Meine Mutter hatte an dem Schnittpunkt zweier Zechen eine Gaststätte, in der Gaststätte natürlich die Bergleute verkehrten. Morgens um sechs wurde die Gaststätte geöffnet. Dann trank man sein Schnäpschen, um den Staub runterzuspülen, und dann wurde die um sieben wieder geschlossen und um zehn wieder geöffnet. Ich bin auf dem Leibnizgymnasium gewesen. Der Besuch einer Zeche oder die Arbeit auf einer Zeche ist dort niemals thematisiert worden. Es gab ja eigentlich im Grunde immer die drohende Hand: Wenn du in der Schule nicht zurechtkommst, dann kommst du auf die Zeche." [5]

Diese Bestimmung war für Jungen aus der Zechensiedlung wie Eitel Mantowski von vornherein klar: „Wenn ich aus dem Küchenfenster meiner Eltern geschaut habe, dann sah ich Zollverein, Schacht 1, Schacht 2 und Schacht 12."

DIE DUNKLE SEITE VON ZOLLVEREIN

Die heutige Kokerei gab es damals noch nicht. Eitel Mantowski war gerade fünf Jahre alt, als der Zweite Weltkrieg begann. Ein paar Jahre später sah er auf Zollverein etwas, das ihn nie wieder loslassen sollte. Er kann das düstere Geheimnis, das auf diesem Teil des Zollverein-Areals verborgen ist, nicht vergessen. „Das Lager war damals da, wo die Mischanlage war. Aus dem Fenster meiner Eltern, das in Richtung Zollverein ging, konnte ich die sogenannte Haldenstraße sehen, die es heute noch gibt. Darauf marschierte ein Haufen Menschen, bewacht von ein paar deutschen Soldaten, zum Schacht und fuhr dort ein. Die haben dann die Arbeit übernommen, die früher deutsche Bergleute gemacht hatten. Für uns Kinder wurde das alles von der NS-Propaganda so dargestellt: Das sind keine Menschen, das sind Untermenschen. So haben wir das als Kinder auch aufgenommen. Der Menschenzug war ein Bild des Elends. Ich habe ihre zerlumpten Klamotten gesehen, und auch, dass sie keine Strümpfe besaßen. Im Winter hatten sie deshalb alte Zeitungen um die Füße gewickelt. Ich musste damals auch mit ansehen, dass nach Schichtende oft tote Russen zum Lager getragen worden sind." [8]

Auf diesem Gelände wurde später die neue Kokerei gebaut – nichts erinnert mehr daran, dass hier ungezählte Tote verscharrt liegen, keine Erinnerungstafel gedenkt der Zwangsarbeiter. „Die müssen auf dem Gelände des Gefangenenlagers vergraben worden sein, denn man hat nichts anderes gesehen." [8]

Als ehemaliger Leiter des Ruhr Museums kennt auch Ulrich Borsdorf die dunkle Seite von Zollverein.

„Wir wissen, dass auf dem Gelände der Kokerei die Baracken für die Zwangsarbeiter errichtet wurden. Es ist ein ziemliches Versäumnis, dass wir uns – auch das Museum unter meine Ägide – diesem Thema noch nicht zugewandt haben." [7]

Ulrich Borsdorf

Während des Zweiten Weltkriegs galt Zollverein als kriegswichtige Industrieanlage, wurde streng bewacht und von der Flugzeugabwehr vor Luftangriffen geschützt. Für britische und amerikanische Bomber war das Ruhrgebiet ein wichtiges Ziel. Denn Kohle war das Rückgrat der Kriegswirtschaft und Koks das Lebenselixier der Hochöfen. Für die Waffenproduktion wurden Unmengen an Stahl gebraucht. „Die Förderleistung der Zeche Zollverein war weder vorher noch nachher so groß wie 1943. Es wurde ohne Rücksicht auf Verluste tonnenmäßig produziert." [7]

„Wenn ich da runterfuhr auf die 12. oder 13. Sohle und dann nach oben guckte, habe ich das Tageslicht oben am Schacht nur als einen ganz kleinen hellen Punkt wahrge-nommen. Das war kein gutes Gefühl."

Eitel Mantowski, ehemaliger Schmied auf der Zeche und Kokerei Zollverein

Raubbau war angesagt – mit schrecklichen Folgen. Auf einem Essener Fried-hof erinnert in einem abgelegenen Winkel ein alter Gedenkstein an das schwerste Unglück, das Zollverein je heimgesucht hat. Nur noch selten kommen Angehö-rige der Opfer von Zollverein hierher, um ihrer Toten zu gedenken.

Noch in der frühen Phase des Krieges, in der Nacht zum 26. Februar 1941, brach auf Zollverein ein unterirdisches Feuer-Inferno los. 29 Bergleute kamen dabei ums Leben. Damals stilisierte die Nazi-Propaganda die Toten zynisch zu opferbereiten Helden.

BÖSE GEISTER IM HÖLLENSCHLUND

Die Welt unter Zollverein ist ein unheimlicher Ort. In den Tiefen unter der Zeche tut sich ein Labyrinth auf, ein 120 Kilometer langes unterirdisches Netzwerk, die unsichtbare, geheime Seite von Zollverein. „Wenn man sich vor Augen führt, dass unter einem ein Meer von Steinen existiert, auf dem man sich bewegt und das einen Kilometer in die Tiefe reicht, das ist natürlich wie eine Bootsfahrt über einen Ozean. Sie gingen hunderte, ja sogar tausend Meter unter Tage, das heißt, sie gingen in diesen Höllenschlund hinunter, und es gab sehr viel an emotiona-ler Berührung und Angst, Panik teilweise. Es gab auch Menschen, die konnten irgendwann nicht mehr in diese Tiefe herunterfahren." [1]

Noch immer auf Zollverein präsent: die Heilige Barbara, Schutzpatronin der Kumpel

Werner Dieker meldete sich in den 1950er Jahren für die „Arbeit vor Kohle". Im Akkord ließ sich mehr Geld verdienen, dafür war das Risiko hoch. „Wir waren noch nicht mit Eisenstempel, sondern mit Holzstempel ausgestattet, und im Streb habe ich ja noch mit dem Abbauhammer Kohle gemacht. Auf einmal fing das Gebirge an zu arbeiten. Alle flüchteten raus aus dem Streb – rette sich wer kann. Wir hatten schon die Kopflampen und hinten die Akku-Batterie, damit bin ich am Gebirge hängengeblieben und konnte mich selbst nicht mehr befreien. Gott sei Dank kamen hinter mir noch welche, die mich dann gerettet haben. Sonst wäre das ganz eng geworden. Da bekommt man Angst, und das bleibt auch ein bisschen hängen." [4]

In den Tiefen weit unter Tage gab es gute Gründe, auf Schutz zu hoffen: Staub, Hitze, Dunkelheit, unheimliche Geräusche – der Mensch scheint für diese Welt nicht gemacht. „Wenn zum Beispiel im Berg etwas passierte und Leute zu Schaden kamen, waren das böse Geister, die einem etwas Böses wollten. Aber wenn zum Beispiel eine glückliche Rettung erfolgte, dann wurde die Heilige Barbara in die Pflicht genommen." [6]

Die Heilige Barbara ist auf Zollverein zwar versteckt in einem unbeachteten Winkel und doch von unschätzbarer Bedeutung. Als Schutzheilige der Bergleute verkörperte sie die Hoffnung auf eine heile Rückkehr aus dem Berg. Hat sie auch im Zweiten Weltkrieg ihre schützende Hand über Zollverein gehalten?

KEINE BOMBEN
AUF AMERIKANISCHES KAPITAL?

Im Bombenkrieg verlor Essen weit über die Hälfte seiner Wohnhäuser. Kaum einer, der nicht zu den Leidtragenden gehörte. „Die Schwester meiner Mutter wohnte ganz nah am Krupp-Gelände, da war es ganz schlimm. Wenn wir in der Zeit im Krieg und auch nach dem Krieg von Katernberg zu den Großeltern in der Stadtmitte wollten, dann ging man hier ab Stoppenberg nur durch Trümmer." [8]

Nach Kriegsende unternahmen amerikanische Inspektoren eine Reise ins zerstörte Ruhrgebiet. Was – so die Frage – war noch übrig von der größten Industrieregion Europas? Auch das einst stolze Zollverein stand auf dem Programm. Keine zehn Kilometer vom Krupp-Gelände entfernt, war die Zeche wie durch ein Wunder nahezu komplett verschont geblieben. Wie war das möglich?

„Es ist in der Tat verwunderlich, dass Zollverein nicht getroffen wurde. Da kursieren mehrere Gerüchte. Eines besagt, dass bei den Vereinigten Stahlwerken, die Besitzer dieser Hüttenzeche waren, amerikanisches Kapital eingesetzt war. Und dass es sein könnte, dass aus diesem Grunde nicht bombardiert wurde." [7]

Blieb im Zweiten Weltkrieg unbeschädigt: Zeche Zollverein 12, 1930er Jahre

Schnell nach Kriegsende fuhren die ersten Kumpel wieder auf Zollverein an. Die Kokerei auf Zollverein wurde ab 1957 sogar noch einmal erweitert und damit zur größten Zentralkokerei Europas. Die Stahlwerke des Reviers brauchten Unmengen an hochwertigem Koks. Stahl war der Wunderstoff der jungen Bundesrepublik. 8.000 Tonnen Koks wurden auf Zollverein täglich produziert, 1.000 Menschen arbeiteten im Takt der drei Schichten auf der Kokerei. „Mütterlicherwie väterlicherseits waren alle Bergleute – alle Onkels, Schwäger und alles, was dazu gehörte. Das war hier Usus, dass man auf dem Pütt anfing." [4]

In dieser Zeit war es gut, Zollvereiner zu sein. „Dieser Arbeitsplatz war fest. Ich habe mir als Kind nie Gedanken gemacht, dass mein Vater vielleicht arbeitslos werden könnte. Und dass vielleicht dieses Leben nicht mehr aufrecht zu erhalten wäre. Und insofern habe ich akzeptiert, das ist da und das ist gut so." [2]

Zollverein war noch ein ziemlich stabiles Universum, als das restliche Ruhrgebiet schon kräftig von Kohlenkrisen heimgesucht wurde. Aber 50 Jahre nach dem Bau von Schacht 12 lief die Zeit auch für Zollverein ab.

JUWEL OHNE KOHLE

„Der dicke Hammer kam ja dann 1983, einen Tag vor Heiligabend, als hier zur Versammlung eingeladen wurde. Etwa 3.000 Teilnehmer hatten Tränen in den Augen, als mitgeteilt wurde, dass der Pütt zugemacht wird. Das war ein schlimmes Weihnachtsgeschenk für die Familien, die hier beschäftigt waren. [4]

Am 23. Dezember 1986 war endgültig Schluss auf Zeche Zollverein. Ohne Feierlichkeiten verließen die Männer ihre Zeche. Die meisten wussten zu diesem Zeitpunkt noch nicht, dass Zollverein im letzten Moment per Ministererlass vor dem Abriss gerettet worden war.

„Es war die letzte Essener Zeche, die geschlossen wurde. Man darf nicht vergessen: in der größten Bergbaustadt Deutschlands. Was das symbolisch und was das für den Essener Norden bedeutete, der vollkommen abhängig war! Das war ein Bruch, wie man ihn sich stärker nicht vorstellen kann." [1]

Abriss hieß das übliche Schicksal für eine ausrangierte Zeche. Doch Zollverein, die gigantische Ruine, stand jetzt unter Denkmalschutz. „Ich glaube, die Arbeiter waren mehrheitlich der Meinung, man müsste diesen Ort ihrer schweren Ma-

DAS JÄHE ENDE VON ZOLLVEREIN

*„Das war ein ganz schlimmes Weihnachts-
geschenk für die Stadtteile. Wir haben gedacht, es wird jetzt hier Tag und Nacht
dunkel sein, weil ja alle davon lebten.“*

**Werner Dieker, ehemaliger Bergmann
auf der Zeche Zollverein**

loche dem Erdboden gleichmachen. Die wollten das nicht mehr sehen. Schon aus der riesigen Enttäuschung heraus, die mit der Schließung verbunden war.“ [7]

Im Sommer 1993 wurde auch die Kokerei Zollverein stillgelegt. Je mehr das riesige Areal von der Natur überwuchert wird, desto klarer tritt zutage, welch ein Juwel da im Essener Norden schlummert. „Es war meines Wissens der stillste Ort, den man zu der Zeit in Essen finden konnte. Der Straßenverkehr war in 1.000 Meter Entfernung und man hörte nur Bienengesumm.“ [7]

Bergleute verlassen nach der letzten Schicht die Anlage 3/7/10, Dezember 1986

Sogar die alten Bergehalde – früher eher ein Unort zwischen Schacht 12 und der Kokerei – erholte sich und wurde später durch Kunst veredelt. „Ich bin vor kurzem nochmal durch dieses Gebiet gegangen und habe gesehen, wie toll die Plastiken von Ulrich Rückriem da hineingestellt worden sind, welche Kraft die haben. Das finde ich wirklich wunderbar. Auch die Rückeroberung des Geländes durch die Natur ist ein tolles Erlebnis.“ [5]

Auf die Stille nach der Schließung folgte der unverhoffte Neuanfang. Die ersten Pioniere des neuen Zollverein zogen in die Gemäuer der ehemaligen Schlosserei ein. Anstatt mit Kohle wurde jetzt mit Tonerde gearbeitet. Die mühsamen Anfänge verlieren die Neuankömmlinge nie aus den Augen. Die Koreanerin Young-Jae Lee erinnert sich: „Es war eine sehr traurige Situation, als ich im April 1987 die Räume besichtigte. Einfach Baracken mit schwarzen Böden. Das ganze Zollverein war eine Abbausituation." Die Künstlerin ließ sich jedoch nicht abschrecken. Im Gegenteil – sie fühlte sich angezogen von dem ganz besonderen Ort, war fasziniert von dem Geist der Moderne und spürte sofort die Magie:

Young-Jae Lee

„Ich habe schon von Kind an so geweihte Orte sehr gerne gemocht, etwa Kirchen, Moscheen oder Tempel. Es hat mich einfach dort hingezogen. Und die Zeche Zollverein ist ja ein moderner, technologisch geweihter Ort. Deshalb wollten wir hier unsere Werkstatt haben." [9]

Das Steinzeug von Young-Jae Lee ist preisgekrönte Keramik in Bauhaus-Tradition, sogar Königshäuser sind unter den Kunden. Eine Keramikmanufaktur von

Preisgekrönte Architektur: das SANAA-Gebäude

Renommiertes Tanzzentrum: PACT Zollverein in der ehemaligen Waschkaue

Mekka für Designliebhaber: das Red Dot Design Museum im umgebauten Kesselhaus

Weltruf auf Zollverein. „Die Leute, die von außen kommen, sehen im Grunde genommen die Schätze viel eher, als derjenige, der tagtäglich mit diesen Dingen umgeht." [5]

Seither sind viele Künstler und Kreative gefolgt und haben die Zeche Zollverein neu belebt. Das Red Dot Design Museum ist ins ehemalige Kesselhaus eingezogen. Und dahinter entstand ein neuer spektakulärer Bau, ebenso kubisch wie die alten Zechengebäude. Im neuen Zollverein-Kubus arbeiten Studenten der Folkwang Universität der Künste. Atemberaubende Blicke auf das labyrinthische Areal von Zollverein sind eine ständige Inspiration für die Künstler und Designer von morgen. „Dass es immer noch neue Dinge gibt, die man herausfindet oder entdecken kann, dass die Geschichte noch nicht zu Ende erzählt und offen ist, wie es weitergeht und was als nächstes passiert, das ist für mich ein großes Geheimnis." [3]

Aktuell rückt vor allem das Gelände der Kokerei in den Fokus, erst ein kleiner Teil ist vor dem Verfall gerettet. Der Rest wartet – wie in einem Dornröschenschlaf – auf eine neue Bestimmung.

An manchen Stellen findet man Orte, die wie Zeitkapseln sind. Man kann die harte Arbeit, die hier geleistet wurde, noch erspüren. Es ist, als wären die Koker eben erst nach Hause gegangen. Ruinen, die seit 20 Jahren verlassen und dem Verfall preisgegeben sind. Für die ehemalige Kompressorenhalle ist die neue Zeit schon angebrochen. Eine noble Veranstaltungshalle soll hier entstehen für mehr als 1.000 Gäste.

DAS LOCH IM OZEANDAMPFER

Eine Schlüsselrolle für die Umgestaltung der Zeche Zollverein hat von Anfang an der Architekt Heinrich Böll gespielt. Er und sein Studienkollege Hans Krabel sind seit langem von ehemaligen Industriegebäuden fasziniert – eine entscheidende Voraussetzung, um Zollverein für neue Nutzungen zu öffnen.

Die größte Herausforderung war der Umbau der riesigen Kohlenwäsche. Lange gab es dafür keine zündende Idee. Dann kam der Vorschlag, hier ein Museum einzurichten – und das bei einem Gebäude, das noch nicht mal einen Eingang hatte. „Das erste Mal habe ich das Gebäude über die Bandbrücke betreten. Die Bandbrücke ist auch der Weg der Kohle. Die Kohle fährt im Grunde genommen über dieses Band, wird hier hoch transportiert und an der höchsten Stelle abgesetzt. Von da aus bin ich dann durch das Gebäude gegangen. Für mich war es

Das Ruhr Museum in der alten Kohlenwäsche …

irgendwie unklar, warum man dafür ein Gebäude braucht, das 90 Meter lang, 45 Meter hoch und 30 Meter breit ist. Das war für mich damals total schleierhaft." [5]

Was dem Architekten Böll erst nach und nach klar wurde: Die größte und komplizierteste Halle auf dem Zollverein-Gelände ist in Wirklichkeit kein Haus, sie ist vielmehr eine Maschine, die nur notdürftig mit einer Backsteinaußenhaut verkleidet ist. Ohne Isolierung, ohne Heizung. Eine Konstruktion, in der nie Besucher vorgesehen waren. „In der Kohlenwäsche war der Krach das hervorstechende Merkmal, ein ohrenbetäubender Lärm. Diese ganzen Ketten und Bänder und Schüttelrutschen usw. waren in Bewegung, und ich stand an diesem Betonrand und schaute in eine kreiselnde schwarze Brühe, in der Mitte war ein dunkles Loch, wo das offenbar hinabgesogen wurde. Also es war ein Erlebnis wie in einer Vorhölle. Damals konnte ich mir überhaupt noch nicht vorstellen, dass wir mal in die Lage versetzt würden, ein Museum daraus zu machen." [7]

... präsentiert auf drei Ebenen facettenreich die Natur- und Kulturgeschichte des Ruhrgebiets.

Spektakuläre Auffahrt zur ehemaligen Kohlenwäsche: die Rolltreppe des Ruhr Museums

Architekt Böll und ein Partnerbüro aus Rotterdam entwickeln phantastische Ideen für die Verwandlung der Kohlenwäsche.

Heinrich Böll

„Wie erschließt man dieses Gebäude? Oder anders gefragt: Wie erschließt man einen riesigen Ozeandampfer? Da gibt es nämlich auch nur ein kleines Türchen. Dieses Türchen wird aufgemacht, dann wird die Gangway rangeschoben und danach gehen die Leute darüber auf dieses Schiff. Das hat uns auf die Idee gebracht, die Rolltreppe an das Gebäude zu lehnen. Und wenn der Denkmalschutz dies ablehnen würde, dann könnten wir sie wieder wegnehmen und den alten Zustand wieder herstellen. Wir machen nur ein kleines Loch in das Gebäude.“ [5]

Einfach und genial: Die längste freistehende Rolltreppe Europas wird schnell zum Wahrzeichen des Ruhr Museums und der modernen neuen Rolle von Zollverein. Sie ist das atemberaubende Entree in das Allerheiligste des Reviers – in das vielschichtige Gedächtnis des Ruhrgebiets, das auf Zollverein seinen Platz gefunden hat.

Und das endet nicht etwa bei der Geschichte der Industrialisierung – auch das spannende Davor und Danach findet seinen Platz in diesem Panorama des Ruhrgebiets.

„Also einen Glasturm bauen, das kann man überall auf der Welt, aber diese Monumente, die gibt es eben in dieser Form, dieser Größe und Monumentalität nur hier auf Zollverein. Ohne ihre Bewahrung hat die Region kein Gesicht.“ [3]

Ute Durchholz

Jemand hat einmal gesagt: Auf Zollverein schaut das Ruhrgebiet in den Spiegel. Zollverein ist zum Symbol des neuen und des alten Reviers geworden, die große Klammer der Geschichte dieser Region. Es wird noch lange dauern, alle seine Geheimnisse zu entdecken.

Quellen:

1 Theo Grütter, Direktor des Ruhr Museums
2 Jutta Spranger-Nowaczyk, ehemalige Gästeführerin auf der Zeche Zollverein
3 Ute Durchholz, Referentin Presse- und Öffentlichkeitsarbeit Stiftung Zollverein
4 Werner Dieker, ehemaliger Bergmann auf der Zeche Zollverein
5 Heinrich Böll, Architekt, begleitet seit 1989 die Sanierung und Umbauten
   (u.a. der Kohlenwäsche) auf der Zeche Zollverein
6 Dr. Michael Farrenkopf, Leiter des Montanhistorischen Dokumentationszentrums
   sowie Forschungsleiter im Bereich Bergbaugeschichte am Deutschen
   Bergbau-Museum Bochum
7 Ulrich Borsdorf, bis Ende 2011 Direktor des Ruhr Museums
8 Eitel Mantowski, ehemaliger Schmied auf der Zeche und Kokerei Zollverein
9 Young-Jae Lee, international renommierte Keramikkünstlerin

GEHEIMNISVOLLE ORTE
AUTOREN UND REDAKTEURE

GEHEIMNIS VILLA HÜGEL
Buch & Regie:	Florian Opitz
Redaktion:	Beate Schlanstein

GEHEIMNIS ORDENSBURG VOGELSANG
Buch & Regie:	Judith Voelker
Redaktion:	Thomas Kamp / Gudrun Wolter

GEHEIMNIS DUISBURGER HAFEN
Buch & Regie:	Carsten Günther
Redaktion:	Adrian Lehnigk / Monika Pohl

GEHEIMNIS KANZLERBUNGALOW
Buch & Regie:	Ulrike Brincker
Redaktion:	Monika Pohl / Lena Brochhagen

GEHEIMNIS KÖLNER HAUPTBAHNHOF
Buch:	Rüdiger Heimlich
Regie:	Luzia Schmid
Redaktion:	Christiane Mausbach / Adrian Lehnigk

GEHEIMNIS MÖHNETALSPERRE
Buch:	Rüdiger Heimlich
Regie:	Luzia Schmid
Redaktion:	Thomas Kamp / Gudrun Wolter

GEHEIMNIS NÜRBURGRING

Buch & Regie: Carsten Günther
Redaktion: Lena Brochhagen / Adrian Lehnigk

GEHEIMNIS PETERSBERG

Buch & Regie: Ulrike Brincker
Redaktion: Lena Brochhagen / Beate Schlanstein

GEHEIMNIS REGIERUNGSBUNKER

Buch & Regie: Florian Huber
Redaktion: Thomas Kamp / Lena Brochhagen

GEHEIMNIS TEUTOBURGER WALD

Buch & Regie: Jobst Knigge
Redaktion: Monika Pohl

GEHEIMNIS ZECHE ZOLLVEREIN

Buch & Regie: Achim Scheunert
Redaktion: Beate Schlanstein / Christiane Hinz

Weitere Informationen zu den einzelnen Sendungen unter:
www.wdr.de/fernsehen/dokumentation_reportage/geheimnisvolleorte/sendungen

BILDNACHWEIS

2Pilots/WDR Umschlag, S. 16 u., 19 u., 23, 24 u., 33, 47 l., 48, 52, 53, 57 u., 59-61, 72, 78 u., 82 l., 88, 90 u., 92, 93, 95, 97, 98 o., 106 o.l., 108, 111, 116 o., 117, 120 o., 123, 125, 127, 130, 131, 133, 141, 142, 145 o., 147, 153 u., 156 l., 157, 158, 173 u., 176, 181, 183, 184 o., 185, 189-191, 200 o., 204, 211 l., 212 o., 213 u., 217, 219, 220 u., 223, 225 u., 226 u., 227, 229, 230, 237, 240 u., 243 u., 244 o., 246, 250, 252, 253, 254 o.r., 255-257, 262 o., 272-274, 277 o., 278 o., 282 u., 283

akg-images Umschlag, S. 6 u.l., 109, 165, 169 o., 174 o., 175 o., 178 u.r., 179 o., 179 Mitte, 179 u.l.

Album Stender S. 54

Anton Meinholz / Archiv Herbert Gunia, Essen S. 266, 275

Archiv der Gemeinde Möhnesee Umschlag, S. 6 o.r., 146, 148 l., 152, 155 o.r., 155 u.l.

Bernd Sieker_CC BY-SA 3 S. 238

Bundesarchiv S. 168 u., 203

Detlef Gräfingholt S. 100 l.

dpa Picture-Alliance / dpa S. 174 u.r., 175 u., 210

Egon Steiner S. 104

Elisabeth Leutheusser von Quistorp S. 96, 98 u.

Engelbert Reineke S. 101, 103

Erich Lessing S. 36

firo sportphoto S. 166, 188

Foto-Atelier Mertens, Gemünd S. 5 o.r., 43, 45, 50 r.

Garver (Essen) - Wikimedia Commons - CC-BY-SA-3 S. 139

Georg Munker S. 205 r.

Gerhard Heisler S. 207 u.l.

Gero Breloer S. 212 u.

Gisela Herbstrith S. 170 o., 172, 173 o., 178 o., 178 Mitte, 178 u.l., 179 u.r., 187

Hans Blossey S. 65

Heiner und Ursula Asbeck S. 80

Historisches Archiv Krupp Umschlag, S. 5 o.l., 13-15, 16 o., 17, 18, 19 o., 20-22, 24 o., 25-27, 28 u., 29-31, 34, 35, 38

Holger.Ellgaard_CC BY-SA 3 S. 233

http://fr.academic.ru/dic.nsf/frwiki/1921092 S. 177 o.r.

http://wiki.verkata.com S. 168 o.

http://www.nationalarchives.gov.uk/legal/commercial-use.htm S. 120 u.

Imperial War Museum S. 150 r.

Josef Gierse S. 251 u.r.

Judith Strücker_CC BY-SA 3 S. 115

Julia Faßbender S. 207 o.r.

Kreismuseum Wewelsburg S. 247-249

Kurt Rohwedder S. 208

Landesarchiv NRW S. 251 o.

Lippisches Landesmuseum Detmold S. 239, 241

Ludwig Menke S. 240 o.r.

Ludwig Wegmann S. 89, 207 o.l.

Magnus Manske_CC-BY-SA-3 S. 196/197, 211 r.

Manfred Steinhoff / Rheinisches Amt für Denkmalpflege S. 267 l.

Manfred Vollmer S. 277 u.

Margit Lenniger S. 243 o.

Martin Gerten S. 207 u.r.

Plan B. - Bonn, Berlin und ihre Regierungsbunker S. 218, 220 o., 222, 225 o., 226 o.

Presse- und Informationsamt der Bundesregierung Umschlag, S. 5 u.r., 94, 99, 101, 102, 205 l.

Privatarchiv Wallis S. 150 l.

Repro aus: Busch, Wilhelm; Scherr, Thorsten (Hrsg.): Symmetrie und Symbol. Die Industriearchitektur von Fritz Schupp und Martin Kremmer, Essen, Kön, 2001, S. 250 // S. 265 o.l.

Rolf Sawinski, Weiler S. 55

Ruhrverband S. 140, 143, 144, 145 u., 148 r., 153 o., 155 u.r., 159

Sammlung Perillieux S. 6 o.l., 119

Sammlung Rieß S. 51

Sammlung Schlenther Umschlag, S. 46

Sammlung Sebastian Golawski, Zlocieniec S. 44 u., 50 l.

Siebengebirgsmuseum S. 198 o.

Siminatorr_CC BY-SA 3 S. 242

Sir James_CC BY-SA 3 S. 91 o., 106 u., 213 o.

Stadtarchiv Duisburg S. 5 u.l., 66-71, 73, 75, 76, 78 o.

Stadtarchiv Köln S. 118 u.

Stefan Flöper_CC BY-SA 3 S. 132

Stefan Ziese S. 28 o., 39, 82 r., 84, 161, 261, 262 u., 278 u., 279-281, 282 o.

Sunnydog_CC BY-SA 3 S. 254 o.l.

Time Life Pictures/Getty Images S. 32

Tohma (talk)_CC-BY-SA-3 S. 197 u.

ullstein bild – dpa S. 106 o.r.

ullstein bild – Kuhnigk S. 100 r.

Uta Grefe: Köln in frühen Photographien 1847-1914, Schirmer/Mosel Verlag, München, 1988 S. 118 o.

Vysotsky (Wikimedia) S. 135

Wahlenbernd_CC BY-SA 3 S. 91 u.

Walter Dick Archiv S. 126 l.

Waltraud Odenthal S. 184 u.

WDR-Achiv S. 154, 155 o.l., 156 r.

Wikipedia S. 6 u.r., 121 o., 201

Wilfried Mellies S. 251 u.l.

Wilhelm August Degèle S. 240 o.l.

Wim Cox, Köln S. 49

Wolkenkratzer_CC BY-SA 3 S. 90 o., 195, 198 u.

Zeche Zollverein e.V. S. 7 o., 264, 267 r., 268-270

Trotz sorgfältiger Recherche konnten nicht alle Rechteinhaber der verwendeten Fotos zweifelsfrei ermittelt werden. Der Verlag dankt für Hinweise.